T0278173

Prevenir el suicidio

Prevenir el suicidio

PAULA G.ª VALVERDE FONSECA

PREVENIR EL SUICIDIO

Una guía para ayudarte a ayudar

Editorial Arcopress • Sociedad actual
Edición: Ana Belén Valverde Elices

www.arcopress.com
Síguenos en @AlmuzaraLibros

Imprime: Gráficas la Paz
ISBN: 978-84-18648-33-5
Depósito Legal: CO-702-2022
Hecho e impreso en España - *Made and printed in Spain*

«*El dolor termina solo a través del conocimiento propio, de la lúcida percepción alerta de cada pensamiento y sentimiento, de cada uno de los movimientos de lo consciente y lo oculto*».

«*El amor y el vacío no pueden coexistir a la vez; cuando uno se siente solo, no hay espacio para el amor*».

J. Krishnamurti

A ti, que me acompañarás en estas páginas.
Gracias por querer saber más para ayudar mejor.

Antes de comenzar a leer este libro, pregúntate si es el mejor momento.

Si estás atravesando una situación de crisis, por favor, busca ayuda cuanto antes. Tu vida es muy valiosa y mereces recibir el apoyo necesario para sentirte mejor. Al final de esta guía encontrarás una serie de entidades, asociaciones y empresas con las que puedes contactar.

**Este libro NO sustituye a una
intervención profesional.**

Índice

Índice

Prólogo

Nada que me guste más que ver que hay jóvenes que hablan, buscan conocimiento y se acercan a un tema como el suicidio. Si además son profesionales de la salud, me hace pensar que algo estamos haciendo bien. Encontrar personas como Paula volcadas en su profesión, tan llenas de vocación de servicio a los demás nos llena de alegría y de esperanza por todos los que se van a beneficiar de su entrega.

Nuestra hija Ariadna se suicidó el 24 de enero de 2015, no teníamos ninguno de los conocimientos que aporta esta guía, el psicólogo que la trató los últimos tres meses y la doctora de Atención Primaria que la atendió tampoco. Esto nos hizo convertir nuestro duelo en lucha por la prevención.

Colaboramos con un grupo de psicólogos expertos en suicidio, https://psicologosprincesa81.com/, dirigimos un grupo de ayuda para supervivientes del suicidio de un familiar o allegado, damos formación para profesionales, colegios, institutos y centros de educación, hemos creado una red nacional de psicólogos expertos y aportamos nuestro testimonio, todo para evitar que alguien tenga que vivir nuestra experiencia. No podemos decir que con este libro lo hubiéramos evitado, pero sí que las herramientas que aporta nos hubieran hecho actuar de una forma mejor.

Una de cada cinco personas padecerá en su vida un trastorno mental, entre ellos el más abundante es la depresión, que, cuando se agrava, puede dar lugar a ideación suicida. Nadie está libre de riesgo; un problema grave en nuestra vida puede provocarla.

Es imprescindible conocer el suicidio, reconocer las señales que nos avisan de una ideación, de una posibilidad de intento cercano, saber cómo acompañar en el complicado duelo al que da lugar, esta es la misión del libro de Paula Gª Valverde Fonseca y lo convierte en una herramienta necesaria para todos, diría que en especial para padres y madres. No ha dejado nada sin tocar, desde la visión histórica hasta la postvención, convirtiendo un tema complicado en una guía completa y sencilla.

Todos tenemos el deber de aprender aquello que puede facilitar la vida de nuestros hijos e hijas. Hablamos mucho últimamente de la necesidad de expresar y dejar que afloren las emociones, aquí tenemos consejos y explicaciones que nos ayudarán a conocer la manera de favorecer su expresión para quien atraviesa un momento de sufrimiento. De igual manera para nuestros mayores, uno de los grupos donde la soledad, las enfermedades y la pérdida de autonomía dan lugar a un gran número de suicidios.

Estamos consiguiendo que se olvide el mito de que hablar de suicidio lo fomenta, hemos aprendido que hablar de él bien y mucho consigue que quien tiene la idea en la cabeza se atreva a pedir ayuda, porque el suicidio tiene formas de evitarse, la principal, saber que existe tratamiento. Si aprendemos a escuchar y a saber qué decir, podremos convertir un momento crítico en un episodio con solución.

Tenéis en vuestras manos un arma contra el miedo, una guía práctica, sencilla, escrita en un lenguaje cercano que facilita establecer una conversación sobre un tema tan temido y que permite, con ello, convertirnos en agentes del cambio, romper el tabú que rodea este tema, eliminar el estigma que acompaña a quienes acuden a psicoterapeutas o psiquiatras, supervivientes de suicidio, personas con diagnóstico de salud mental, víctimas todas de un temor que solo se sustenta en la ignorancia, condenando, en muchos casos, a la soledad y la tristeza.

Hablar salva vidas, escuchar activamente salva vidas, estos dos son los mantras que intentamos que se hagan virales, dos frases sencillas que pueden ayudar a los que nos rodean a sentir que nos importan, algo que necesitamos todos y todas.

Leed, comentad y recomendad este libro porque solo una vida que se contribuya a salvar, valdrá la pena.

José Carlos Soto Madrigal
Superviviente de Suicidio, Activista por la Prevención del Suicidio,
Codirector del Grupo de Ayuda para Supervivientes de Suicidio de
Princesa 81

Capítulo 1.
¿Qué es la experiencia suicida?
Acercamiento y conceptos clave

Si este libro ha llegado a tus manos es porque, de alguna manera, has tenido contacto con el suicidio. Tal vez por un familiar, tal vez un amigo, una compañera de trabajo, alguien de tu clase, de tu barrio... o porque tú hayas pensado alguna vez en el suicidio. Puede que conozcas a alguien que haya verbalizado que quería morir, o lo haya intentado, o que, desgraciadamente, lo haya conseguido. De corazón te digo que siento que sea así. Valora si este es el mejor momento para leer esta guía, o si te será de más ayuda acudir a un/a profesional.

Esto no es un manual ni una colección de técnicas y tecnicismos: ya hay muchos libros así, de profesionales para profesionales. La finalidad de esta guía es, precisamente, poder guiar a quien acompañe a una persona que sufre, bien por estar elaborando un duelo por suicidio, bien por tener una relación cercana con alguien que presenta experiencia suicida, bien por ser la propia persona con experiencia suicida. Habitualmente en los libros y manuales de prevención e intervención en suicidio se habla de «conducta suicida», que hace referencia al comportamiento observable y no observable, al conjunto de ideación y actos suicidas. Como psicóloga te diré que esto me resuena a lo que sucede con las corrientes que hay dentro de la psicoterapia, donde predomina la cognitivo-conductual, que atiende sobre todo al pensamiento (cognición) y a los actos (conductual) que hay que modificar para conseguir la mejoría de la persona.

Así como la terapia cognitivo-conductual y el concepto de conducta suicida son concretos y efectivos, a mi parecer no contemplan —o no dan la importancia que para mí tiene— la esfera emocional, los sentimientos de la persona a la que queremos ayudar.

Verás que en esta obra me refiero al concepto de *experiencia suicida*: es porque este término hará referencia a múltiples cuestiones, abarcando desde la ideación suicida, la planificación suicida, el deseo suicida y la propia conducta suicida... priorizando el plano emocional de la persona en cuestión. El concepto de experiencia suicida me parece más completo, pues contempla el pensamiento y la conducta —lo observable y lo no observable—, y resalta el factor emocional tanto de la persona que lo sufre como de las personas de su alrededor. A lo largo de esta guía verás que el dolor, la tristeza o la desesperanza se encuentran presentes y pesan cada vez más en el interior de la persona con experiencia suicida, ¿y qué son estas cuestiones sino algo tan humano como los sentimientos? Desde este enfoque quiero darte herramientas para ayudarte a ayudar, enfatizando el plano emocional de la persona a la que quieras ayudar... y a tus emociones. Vamos a hablar mucho de la empatía para poder conectar emocionalmente con las personas con experiencia suicida.

Te explico rápidamente algunos conceptos relacionados con el suicidio que aparecerán a lo largo de esta guía para que en adelante no sean «solo tecnicismos», sino que para ti tengan sentido y que tú también domines la jerga profesional, ya que vas a aprender algunas herramientas que utilizamos los y las profesionales. Si pensáramos en la experiencia suicida como un camino, este comenzaría en la ideación y finalizaría en la muerte por suicidio consumado, habiendo entre el principio y el fin distintas paradas. Como habrás imaginado, según se va avanzando en el recorrido más se acerca cada concepto a la muerte, por lo que el riesgo de cada una va en aumento. Lo ideal entonces es que, si sabemos que alguien está en alguna de estas paradas, intentemos ayudarle para retroceder en el camino suicida en que se encuentra y salir de él.

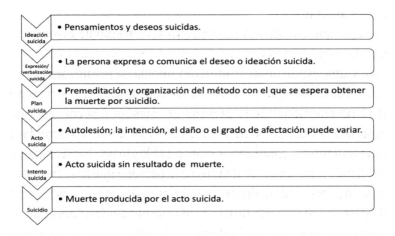

Ideación suicida
• Pensamientos y deseos suicidas.

Expresión/ verbalización suicida
• La persona expresa o comunica el deseo o ideación suicida.

Plan suicida
• Premeditación y organización del método con el que se espera obtener la muerte por suicidio.

Acto suicida
• Autolesión; la intención, el daño o el grado de afectación puede variar.

Intento suicida
• Acto suicida sin resultado de muerte.

Suicidio
• Muerte producida por el acto suicida.

Adaptado de Anséan, 2014.

La EXPERIENCIA SUICIDA engloba todos estos conceptos, pues es todo el camino que atraviesa una persona y su vivencia, haciendo referencia, además, al impacto que tiene en sus seres queridos y otras personas de su entorno.

La CONDUCTA LESIVA NO AUTOLÍTICA es aquel daño físico de mayor o menor gravedad que una persona se inflige sin intención de morir, a diferencia de los actos suicidas. Las autolesiones más habituales son golpearse, arañarse, apagarse cigarrillos o hacerse cortes, habitualmente en los brazos (conocido ahora entre los jóvenes como *cutting*). La finalidad de estos actos no es morir, sino lograr una descarga emocional o un desplazamiento del dolor emocional al dolor físico para gestionarlo mejor. Estos actos suelen hacerse cuando hay un gran sufrimiento difícil de sostener para la persona, y pueden realizarse como forma de sentir que se tiene el control.

La CONDUCTA INSTRUMENTAL la constituyen los actos mediante los que la persona no tiene intención de quitarse la vida, sino que se lleva a cabo con intención de obtener algo, generalmente beneficio, de otra persona o entidad. Esto incluye tanto amenazas suicidas como autolesiones.

Distinguir emoción de conducta y pensamiento no siempre es «de cajón», especialmente cuando hablamos de nuestras propias emociones, conductas y pensamientos. A veces creemos que somos lo que hacemos, o que lo único real son nuestros pensamientos, ¡y nada más lejos de la realidad! Somos lo que hacemos, decimos, sentimos, pensamos, nuestra historia, nuestros recuerdos, opiniones, decisiones... Un ejemplo muy ilustrativo de esta «confusión» es cuando pregunto a alguien por sus emociones, por ejemplo, «¿Cómo te hizo sentir eso?» o «¿Qué emoción dirías que estaba más presente cuando te pasó eso?», y me atrevería a decir que, después de «mal» (que no es una emoción), las respuestas más comunes son «Pues le dije...», «Me puse a pensar...», «No hice nada»... ¡A mi pregunta por la emoción recibo un pensamiento o un acto por respuesta! Si fuera al revés y preguntase «¿Qué pensaste entonces?» y me respondiesen «Triste», ¿no sería evidente la incoherencia? Tenemos tan instalado el evitar hablar de nuestros sentimientos que sin darnos cuenta hacemos esto, desviar la conversación a pensamientos o actos. Haz la prueba: cada vez que le preguntes a alguien cómo está, fíjate en cuántas personas te contestan con una emoción y no con un «Bien, ¿y tú?»... ¡Y fíjate en tu respuesta cuando alguien te pregunta cómo estás!

Veamos entonces qué diferencia hay entre conducta, pensamientos y emociones: parece muy evidente, pero no acostumbramos a distinguir uno de otro habitualmente, ya que no nos enseñan en el colegio a darnos cuenta de nuestros pensamientos, comprender nuestras emociones o atender a nuestros actos. Está bien que hagamos esta diferenciación, pues no ser conscientes de ello puede hacer que lo percibamos como un «revuelto» de todo ello, nos confunda y, si estamos en una época difícil de nuestra vida, nos haga más daño. Para muchos psicoterapeutas y profesionales que acompañamos a personas con sufrimiento psicosocial esta distinción acto-pensamiento-emoción es de lo primero que buscamos conocer para comprender a la persona a la que acompañamos y ver qué objetivos establecer, por dónde comenzar o cómo es la situación que hace sufrir a la persona.

La **conducta** son aquellos actos observables que realiza una persona, el comportamiento y forma de actuar que «se ve desde fuera». Pueden ser más o menos conscientes: por ejemplo, cuando aprendemos a hacer algo esto requiere mayor consciencia o atención, y según lo vamos dominando requiere menos atención, lo que nos permitirá hacer otra cosa a la vez. Cuando aprendemos a montar en bici requiere mucha atención (para mantener el equilibrio, para no caer, para seguir el camino, ir a una velocidad...), pero cuando ya sé montar en bici perfectamente, puedo ir hablando, observando el paisaje o haciendo nuevos trucos. Otras conductas las hacemos menos conscientemente, como aquellas que realizamos si sentimos malestar o nervios: morderse las uñas, rascarse, tocarse el pelo, mover las piernas, apretar los dientes...

El **pensamiento** no es observable, pues son aquellas ideas y procesos mentales que ocurren mientras estamos despiertos (los sueños, por ejemplo, no son pensamientos). Pueden ser más o menos conscientes, darnos más o menos cuenta, dependiendo una vez más de la atención que le prestemos. Podemos influir en ellos y por eso podemos trabajar sobre las creencias y pensamientos que nos dañan.

Según Greenberg y Paivio (2000), las **emociones** son aquello que regula nuestro funcionamiento mental, organizando tanto nuestros pensamientos como nuestras acciones, y están ligadas a nuestras necesidades, deseos y aspiraciones. Son mensajes relacionados con nuestro bienestar orientados hacia nuestra salud, como señales que nos indican cómo estamos, así que juegan un papel importante para nuestra supervivencia: nos aportan el significado de lo que estamos viviendo, nos ayudan a entender y procesar la realidad en la que nos movemos, y a adaptar nuestras respuestas a cada situación. Podríamos decir que las emociones «colorean» nuestras experiencias. Se ven influidas por nuestra historia de aprendizaje, y los vínculos afectivos y las relaciones sociales tienen un enorme impacto en nuestro mundo emocional. Coloquialmente se habla de emociones «positivas y negativas», o de emociones «buenas y malas», pero en realidad todas las emociones son necesarias, pues cada una cumple con una función. Digamos que hay emociones más placenteras o más desagradables, ¡pero todas son importantes y valiosas! Y hay una cosa muy importante que debemos tener en cuenta: ninguna persona puede elegir lo que siente, pero sí está en su mano hacerse consciente de esas emociones y gestionarlas. Existen seis emociones básicas de las cuales se desprenden muchas emociones más complejas; es importante que conozcamos la utilidad o función de cada emoción básica para que podamos empatizar mejor. Así, las seis emociones básicas y sus funciones son:

- *Felicidad.* Es la más agradable de sentir ya que está asociada con el placer y la alegría. Es un agente de aprendizaje muy potente: cuando algo nos hace felices buscaremos repetir esa experiencia, así que sirve para aprender y establecer metas que nos hagan sentir bien. Por eso nos gusta quedar con gente que nos hace reír, comer nuestra comida favorita, repetir planes... porque la felicidad hace que queramos más. Buscamos esa emoción una y otra vez.

- *Miedo*. Es una de las emociones más desagradables, y junto con la felicidad es el otro agente de aprendizaje de mayor potencia: cuando algo nos da miedo huimos de esta experiencia y aprendemos para que no nos vuelva a suceder. El miedo facilita el aprendizaje para alejarnos del peligro real o subjetivo. El instinto de supervivencia ante algo que nos asusta hace que nuestro cuerpo se prepare para la huida o afrontamiento de la situación, alterando nuestra tensión muscular, el pulso y la respiración. La ansiedad es una de las expresiones de miedo: puede ser útil para dar un empujoncito, por ejemplo, los nervios que sentimos antes de hacer algo para lo que nos hemos preparado con emoción («Tengo muchas ganas de sacar el carnet, estoy nerviosa pero espero aprobar hoy el examen»); sin embargo, la ansiedad es disfuncional cuando se siente de manera intensa y crónica, pues bloquea a la persona y no permite la acción («Me quedo en blanco durante el examen, no puedo pensar con claridad y cometo fallos, o no llego a presentarme al examen»). El miedo hace que, si algo o alguien hace sentir amenazada a una persona, esta no quiera repetir esa experiencia y busque evitarla. Hay quien clasifica la *vergüenza* dentro del miedo y quien la clasifica dentro de la tristeza: para mí la vergüenza es el miedo al rechazo, a ser visto con desprecio bajo la mirada de los demás, y la consecuencia de esta vergüenza puede ser la tristeza.

- *Tristeza*. Esta emoción se activa en situaciones ante las que una persona se encuentra impotente, en las que ha sufrido una pérdida o en las que no puede llevar a cabo una acción directa para solucionar aquello que le apena, lo que genera que el estado de ánimo decaiga y sus niveles de actividad mental y conductual se vean afectados. La tristeza tiene una función protectora, pues genera un «filtro perceptivo» que centra la atención en uno mismo para poder recuperarse de esta pérdida, en lugar de centrarse en aquello que le hace daño. Además, la tristeza fomenta la búsqueda de apoyo que facilite la huida de esta situación. Algo distintas son la culpa y la desesperanza: la *culpa* moviliza a la acción, pues nos hace sentir en deuda o que hay que reparar lo que hemos dañado, mientras que la *desesperanza* genera inacción, nos bloquea e impide esta búsqueda de ayuda. A lo largo de esta guía verás el impacto que estas emociones tienen en la experiencia suicida de una persona: entenderlo te ayudará a empatizar, y empatizar te ayudará a ayudar.

- *Enfado*. Esta emoción nace en situaciones vividas como frustrantes o aversivas, generando una tensión interna que moviliza a la persona para resolver esa situación. Su función es dotar de energía y recursos que activen a la persona para darle la orientación necesaria que le ayude a lograr el éxito y resolver la situación aversiva. Busca generar un cambio y si, tras intentarlo, este cambio no se produce, detrás de esta emoción puede venir la tristeza para buscar resolver la situación con otros métodos. ¡Ojo, que enfado no significa agresividad! La agresividad es un tipo de respuesta, es una forma de canalizar la ira, pero la «emoción de base» es este enfado.

- *Sorpresa*. Es la emoción más breve de todas, pues es una reacción emocional a una situación imprevista, novedosa o extraña, y la vivencia subjetiva que puede acompañarla es una sensación de incertidumbre. La función de la sorpresa es parar todos los procesos mentales y las acciones de la persona para centrar toda su atención en el estímulo novedoso, explorar sus aspectos positivos o negativos y actuar en función de la evaluación que se haga. Es una emoción tan breve porque después de la evaluación le seguirá otra emoción: si la sorpresa tiene muchos aspectos positivos o agradables puede seguirle la felicidad, pero si tiene aspectos negativos o desagradables podrán seguirle el enfado, la tristeza o el miedo.

- *Asco*. Esta emoción genera una sensación de repulsión o evitación ante la posibilidad, real o imaginaria, de exponerse a algo nocivo o contaminante, lo que se convierte en desagrado y aversión al estímulo que lo produce. Aunque habitualmente esto lo asociamos con la comida, una forma compleja del asco también puede darse ante situaciones o personas: esta aversión es lo que sustenta las formas de discriminación como el racismo, la homofobia o el clasismo, pues es el rechazo hacia lo que se considera inferior o dañino. La función del asco es rechazar aquello que pueda intoxicar o dañar nuestro bienestar físico, mental o social.

La subjetividad está en lo que a cada uno le suscita una emoción: ante una misma situación cada persona puede sentir algo diferente, y no solo eso, sino que la manera de sentir y gestionar cada emoción es diferente de una persona a otra. Seguro que si le pides a cinco personas de tu entorno que te definan cómo suelen sentir su tristeza, su enfado o su miedo, y lo comparas con tus emociones, verás que son muy distintas. Por ejemplo, mientras que a algunas personas le aterran los perros, a otras les hacen felices, a otras les pueden poner tristes e incluso a otras les pueden dar asco. Mientras que el miedo para una persona puede suponer un reto, para otra puede resultar paralizante, otra persona puede buscar ayuda y otra buscará refugiarse en la soledad.

Todas las emociones tienen un impacto directo en nuestros pensamientos, en nuestras acciones e incluso en nuestro cuerpo (*siento un nudo en el estómago cuando estoy triste, aprieto los dientes cuando me enfado, cuando algo me da miedo siento como que mi cuerpo pesa mucho...*). Cada individuo gestiona de manera diferente sus emociones, incluso la manera de gestionarlas puede ser diferente en uno mismo en función del momento, del estímulo que suscite esa emoción o del entorno.

Te cuento todo esto porque creo que las emociones son la base de cualquier forma de ayuda, tanto de la persona que ayuda como de la persona que es ayudada, y es importante empezar a ser consciente de tus propias emociones, pensamientos, actos y necesidades para que luego puedas conectar y empatizar con las emociones, pensamientos, actos y necesidades de las personas que te rodean. Más adelante veremos en profundidad qué emociones y pensamientos tienen un papel protagonista en la experiencia suicida: cuando lleguemos a esa parte seguro que puedes conectar con la necesidad de consuelo y apoyo, entender el papel de la soledad, y empatizar con la desesperanza de las personas con experiencia suicida.

Deja que te hable de un autor que para mí es una piedra angular en mi día a día como psicoterapeuta: Leslie S. Greenberg. Así como Sigmund Freud es referente en el psicoanálisis y Paulov y sus perros, o Skinner y sus ratas, son referentes en el conductismo, en la corriente humanista hay varios referentes, y para mí uno de los más inspiradores es Greenberg, padre de la terapia focalizada en la emoción. Para Greenberg lo que trae a las personas a psicoterapia es la forma de vivir, procesar y gestionar sus emociones. No quiero enrollarme contándote en profundidad su teoría (soy una gran fan y conocerle en persona asistiendo a dos cursos suyos fue algo revelador), pero sí quiero detenerme en su teoría del esquema emocional y cómo procesamos emocionalmente diversas experiencias. Esto es importante, porque cuando lleguemos al capítulo de cómo ayudar a una persona en crisis y qué señales debemos observar, este esquema te servirá de brújula. El esquema emocional es una herramienta que nos ayuda a comprender las dimensiones de una experiencia emocional, haciendo referencia a cuatro aspectos:

- El significado simbolizado. Incluye las expresiones verbales sobre una emoción y el concepto o identidad que tiene la persona sobre la propia emoción.

- La motivación o conducta. Incluye los deseos y necesidades que busca cubrir esa emoción (por ejemplo, el consuelo ante la tristeza), y las tendencias de acción (lo que pone en marcha cada persona para resolver esa emoción, por ejemplo, buscar el consuelo en alguien de confianza).

- Lo corporal o expresivo. Incluye las expresiones no verbales sobre la emoción (pueden verse desde fuera: fruncir el ceño en el enfado, suspirar en la tristeza...) y las sensaciones corporales (no pueden verse desde fuera: nudo en el estómago).

- Lo perceptivo o situacional. Incluye la memoria episódica (recuerdos asociados a esta emoción: será más fácil que recuerde escenas tristes si estoy triste, o de situaciones que me enfadaron mientras estoy enfadada) y la evaluación primaria (primera evaluación automática que hago de una situación y el impacto emocional que genera).

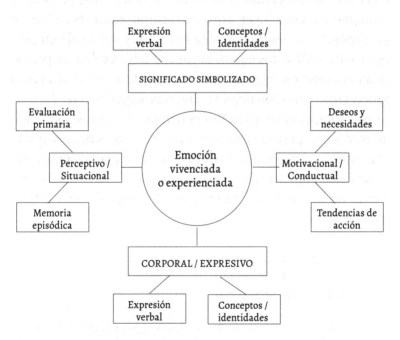

Esquema emocional (Guion emocional).

Aunque el esquema emocional habitualmente es inconsciente, algunos de sus componentes sí pueden ser conscientes, pues son vías por las cuales se puede activar una emoción. Conocer el esquema emocional nos permite conocer los componentes de cada emoción y entender mejor a la persona a quien pertenece ese esquema. Por ejemplo, seguro que conoces a alguien que es «un libro abierto» y sin que te diga cómo está, sabes intuirlo: esa es la parte de la expresión no verbal de sus emociones; tal vez sepas de tus propias emociones por las acciones que llevas a cabo cuando sientes esa emoción, o qué significan para ti algunas emociones y el impacto que cada una de ellas tiene en tu identidad. Haz el ejercicio de poner una emoción que conozcas bien en el centro de este esquema y trata de completar todos sus componentes. No te preocupes si no puedes completarlo o si te atascas con algunas emociones: parte del cambio es ir haciendo conscientes todas estas partes, conocerse y entenderlas. ¡Estoy segura de que esto te ayudará a conocerte mejor y entenderte en profundidad!

En ocasiones es difícil poner palabras a lo que sentimos. Aquí te dejo la archiconocida rueda de las emociones de Robert Plutchik: se utiliza como herramienta para facilitar la identificación de las emociones, propias y ajenas.

➔ Si quieres saber más sobre las emociones puedes visitar el «Atlas de las emociones» (http://atlasofemotions.org). Es una herramienta interactiva en varios idiomas que desarrolló Paul Ekman junto a su hija Eve Ekman a petición del Dalai Lama, que quería hacer una guía de las emociones básicas para que la población general fuera consciente de ellas y pudiera comprenderlas con facilidad. En palabras del propio Dalai Lama, «Así como fue necesario un mapa para encontrar el nuevo mundo, necesitamos un mapa de nuestras emociones para encontrar una mente calmada». Además, si has visto la película *Del revés* (*Inside out*), entenderás aún más este mapa.

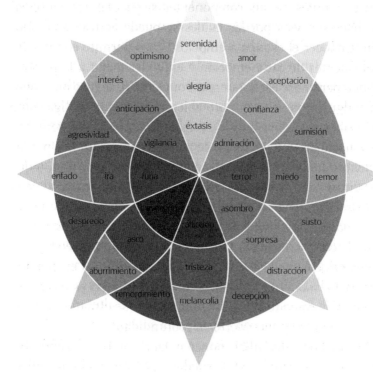

Hemos visto que la emoción, el pensamiento y la conducta pueden ser conscientes o inconscientes: esto hace referencia a la atención que les prestamos. Cuando voluntariamente atendemos a nuestros actos, pensamientos o emociones nos damos la oportunidad de conocerlos mejor, entenderlos y modificarlos, pues aquello de lo que no se es consciente no se puede cambiar. La **atención** es un proceso mental que podemos manipular y que afecta a otra función de nuestra mente: la percepción. Te lo explicaré con un ejemplo: imagina que quieres comprarte un coche y tienes claro qué marca y modelo quieres. Desde que lo has decidido tienes la sensación de que ahora lo ves por todas partes. Sucede porque ahora estás prestando más atención que antes cuando vas por la calle o la carretera, y tienes esa sensación de ver más coches de ese modelo; sin embargo, siempre han estado ahí, aunque no les habías prestado atención. Lo mismo sucede cuando alguien decide ser madre o padre: tiene la sensación de que ahora ve bebés y embarazadas por todas partes. Su decisión no ha hecho que haya más bebés o embarazadas, ¿verdad? Lo que ha ocurrido es que esta persona ahora los percibe más a menudo, ya que tiene la atención (o incluso podríamos llamarlo interés) puesta en ello. Cuando una persona atraviesa una experiencia suicida sus procesos de atención y percepción cambian, y puede verse más enfocada en aquellas cosas que le hacen daño, aunque no se dé cuenta de que tiene la atención puesta en ello. Está relacionado con lo que en psicología llamamos *visión en túnel*: no vemos otra opción o salida sino la que tenemos delante, pues la capacidad de percibir los estímulos del entorno se ve alterada. Por eso cuando una persona con experiencia suicida comete un error puede pensar «no valgo para nada», o cuando intenta una solución pero esta no da el resultado deseado, puede pensar que «no hay más alternativas».

Veremos más adelante cuáles son las creencias o distorsiones cognitivas más frecuentes cuando una persona tiene una experiencia suicida, así que cuando lleguemos a ese capítulo recuerda tener en mente que los procesos de atención y percepción tienen un papel FUN-DA-MEN-TAL. La atención y la consciencia (incluso la autoconsciencia, esa capacidad de darse cuenta de las cosas que le suceden a uno mismo) serán cruciales para producir el cambio mental y emocional.

Por último, en este capítulo quiero hablarte de dos conceptos fundamentales: las **habilidades de afrontamiento** y la resiliencia. Las habilidades de afrontamiento, según Lazarus y Folkman (1986), son los esfuerzos cognitivos y conductuales que una persona debe hacer ante una demanda interna o externa, y que experimenta como estresante o desbordante. Son aquellos recursos psicológicos que tiene un individuo para enfrentarse a una situación potencialmente aversiva. Pueden estar dirigidas al problema, por lo que las estrategias se ponen en marcha para modificar la situación, o pueden estar dirigidas a la emoción, buscando que el impacto emocional sea el menor posible. Veremos como cuando una persona vive una situación que se ve incapaz de afrontar, puede ser el inicio del camino en la experiencia suicida, por lo que desarrollar nuevas habilidades de afrontamiento será muy importante en la prevención del suicidio.

La **resiliencia** es un término que se utiliza mucho últimamente, y puede entenderse como la capacidad para transformarse positivamente tras superar una adversidad. No se trata solo de «resistir los golpes de la vida», ni de «volver a estar como antes» de que sucediera esta adversidad, sino de fortalecerse, aprender o crecer gracias a la experiencia vivida y la dificultad o esfuerzo que supuso superarla. Es una habilidad, una herramienta que se puede entrenar y ejercitar ya que requiere de cierta capacidad para evaluar el entorno, de autoconocimiento, de analizar la información, de adaptarse al cambio, de tomar decisiones y de saber llevarlas a cabo. Las habilidades de afrontamiento con las que cuente una persona influirán en su resiliencia.

¿Qué es la muerte? ¿Qué implica para cada persona? En el siguiente capítulo explicaré lo que representan la muerte o el suicidio en algunas culturas y religiones a lo largo de la historia, y qué suele implicar para la persona con experiencia suicida.

Capítulo 2.
Orígenes del estigma y el tabú: el suicidio en diferentes culturas y momentos históricos

En este capítulo vas a encontrar el contexto histórico del suicidio en culturas y épocas diferentes de la tuya. Tal vez algunas civilizaciones te resulten desconocidas, o te sorprenda lo que la muerte implicaba en otros continentes. A lo largo de la historia cada cultura posee una percepción del suicidio y otorga un valor a la muerte que nos hará ver cómo el suicidio es una realidad atemporal e inherente a nuestra existencia, pues afecta a la humanidad desde hace milenios. Si hay algo que tienen en común todas las culturas y épocas es que en todas se busca comprender los motivos por los que una persona decide quitarse la vida. Creo que es importante que hagamos este repaso cronológico y cultural para acostumbrarnos a salir de nuestro marco de referencia, de la realidad en la que nos movemos, para conocer otras percepciones igual de válidas que la nuestra, y este ejercicio de ponerse en la piel de las personas de las que te hablaré es algo que iremos haciendo a lo largo del libro, siempre con la finalidad de fortalecer ese músculo que es la empatía. Así te resultará mucho más fácil ver el mundo desde los zapatos de la persona con experiencia suicida a la que quieras ayudar de ahora en adelante.

Tenemos claro que cada persona es un mundo y tiene una manera de sentir, gestionar y expresar sus emociones. En las próximas páginas intenta imaginar a una persona diferente por cada cultura o época histórica, qué le hacía sufrir y cómo gestionaba este sufrimiento; intenta encontrar las diferencias y similitudes con tu mundo emocional. Me gusta pensar en este libro como una linterna: acompáñame a poner luz en la oscuridad que ahora ensombrece el suicidio, comprendiendo el pasado para entender cómo debemos iluminar el futuro de la experiencia suicida.

El suicidio parece un tema polémico desde el principio de los tiempos: la religión, las costumbres, la sociedad y la política dan forma a nuestras creencias y condicionan nuestro pensamiento. Los primeros indicios de suicidios en nuestra especie podrían darse antes de que existiese la escritura, cuando los miembros más débiles de un grupo lo abandonaban por ser demasiado mayores o estar demasiado enfermos para así no consumir sus recursos o entorpecer el funcionamiento habitual. Este sacrificio voluntario por el bien del grupo evolucionaría hasta darse los sacrificios y rituales religiosos que encontraremos en distintas culturas, desde los egipcios hasta los escandinavos, pasando por antiguas civilizaciones indígenas y costumbres ancestrales de Oriente. Hagamos un *tour* saltando en el tiempo y entre regiones.

SUICIDIO EN EUROPA

En la sociedad de la ANTIGUA GRECIA todas las personas eran miembros valiosos, pues aportaban mano de obra, actividad intelectual o gestión política, por lo que suicidarse era considerado un delito al privar al Estado de un individuo. Quien deseara quitarse la vida debía obtener la autorización del Senado después de exponer los motivos por los que no quería seguir viviendo, que podía conceder su demanda si respondía a alguna de las razones justificables como padecer una enfermedad especialmente dolorosa o deformante, en caso de sufrimiento psicológico y económico por haber perdido estatus social, o en respuesta a una adversidad muy grave. Los suicidios que se llevaban a cabo para preservar el honor o aquellos que se realizaban por amor o por una heroicidad (como ocurrió en el año 480 a. C. con Leónidas y sus hombres, que se lanzaron a una batalla que suponía una muerte segura con tal de defender las Termópilas) también eran considerados legítimos, sobre todo si quienes los realizaban eran personajes políticos o intelectuales. Evidentemente, los esclavos lo tenían terminantemente prohibido. Todo suicidio que no fuera justificable tendría consecuencias sobre su familia, que era deshonrada, y sobre su propio cuerpo, que tras ser mutilado y vejado se enterraba de manera aislada. Estas medidas pretendían alentar a la población para prevenir el suicidio, pero suponemos tenían poco éxito, pues aunque no hay datos sí se sabe que era una causa de muerte frecuente entre esclavos, filósofos y políticos. Algunos de los personajes más emblemáticos fueron: Anaxágoras (500-428 a. C.), filósofo y matemático, decidió morir tras ser encarcelado injustamente; Sócrates (470-399 a. C.), maestro de Platón, tras ser acusado de injuria grave por rechazar a los dioses atenienses y corromper a la juventud aleccionándola, le dieron a elegir entre renegar de sus ideas o tomar cicuta y eligió el suicidio; Demóstenes (384-322 a. C.), considerado el mejor orador de la antigua Grecia, decidió envenenarse para no ser apresado por el sucesor de Alejandro Magno.

La SOCIEDAD ROMANA contemporánea de la sociedad griega también consideraba que el suicidio privaba al Estado de un ciudadano que pudiese aportar bienes económicos y sociales, por lo que era perseguido, estigmatizado y castigado. En un intento de comprender qué lleva a una persona a suicidarse se hacía referencia a la falta de salud mental de la persona que lo realizaba, apareciendo el término *non compos mentis*, que daba a entender que la persona no estaba en control de su mente de manera pasajera o crónica. Esta perspectiva del suicidio como consecuencia de una alteración psicológica fue la primera en acercarse a la actual comprensión del suicidio. A excepción de estos casos y de aquellos cometidos por la nobleza, el suicidio era igualmente penalizado.

La filosofía estoica es conocida por promover una vida sencilla en la que la racionalidad debe guiar a las personas en lugar de sus emociones, siguiendo la ley de causa-efecto que rige el Universo. Desde esta perspectiva tanto los filósofos griegos como los romanos buscaron comprender a la persona suicida, siendo uno de los autores más destacados Lucio Anneo Séneca (4 a. C. - 65 d. C.), cuya causa de muerte fue el suicidio después de que Nerón le acusara de estar implicado en un complot y fuera, por tanto, condenado a muerte. Estableció un paralelismo entre la vida y el mar, cuyo puerto o límite final es la muerte, que debería poderse elegir respondiendo a la voluntad, la racionalidad y la libertad, en lugar de ser víctima del destino o de las circunstancias. Afirma que el sentido de la vida es vivir bien evitando el sufrimiento, y plantea la muerte como forma de acabar con una vida llena de sufrimiento. Veremos en futuros capítulos que este pensamiento nos ayudará a comprender a las personas con experiencia suicida: ¿acaso no buscamos todos una vida feliz y lejos de aquello que nos hace sufrir?

Otras sociedades europeas de la Antigüedad aceptaban el suicidio sin estigmatizarlo. Los VISIGODOS lo aceptaban si con ello podía evitarse una muerte vergonzosa, y los GALOS también si se hacía por alcanzar una edad de avanzada vejez, por el fallecimiento de la pareja o del jefe, o por evitar una enfermedad grave e incapacitante. Por su parte, los CELTAS HISPANOS, los NÓRDICOS y los VIKINGOS encontraban otros motivos razonables para cometerlo sin perseguirlo, especialmente si se hacía en un acto heroico o por honor, característica común en casi todas las culturas.

Por su parte, la postura del CRISTIANISMO frente al suicidio no siempre ha sido igual. En la Biblia no existe ninguna prohibición ni condena explícita del suicidio, y de hecho se relatan varios fallecimientos por esta causa, siendo el más famoso el de Judas Iscariote. Sin embargo, uno de los diez mandamientos es «no matarás», por lo que si se incluye o no el hecho de matarse a uno mismo ha estado sujeto a múltiples interpretaciones por diversos intelectuales. Este mismo mandamiento es el que utilizó Agustín de Hipona (354-430) como argumento para que el suicidio se considerase pecado, pues por aquel entonces la Iglesia perdía miembros que tomaban el «martirio voluntario» sacrificándose por la fe. Quien se mata incumple la ley natural y escapa a la voluntad de Dios, por lo que es un pecado tan grave como el asesinato, como posteriormente respaldó Tomás de Aquino (1225-1274) en la EDAD MEDIA (476-1492).

Los concilios eran asambleas en las que distintas autoridades de la Iglesia se reunían para reflexionar y tomar decisiones sobre diversas cuestiones, entre las cuales se abordó el suicidio. En el año 325 el emperador Constantino I (272-337) asistió al primer concilio de Nicea, donde se exigió que se requisaran los bienes de las familias que habían perdido a un miembro por suicidio. Durante el concilio de Arlés, celebrado en el año 452, la Iglesia condenó oficialmente el suicidio por primera vez al ser considerado una trasgresión demoníaca. En los concilios de Orleans (533) y de Braga (563) se establecieron como medidas de prevención del suicidio castigar a la persona fallecida no permitiéndole ser enterrada en camposanto ni ser honrada en ceremonias fúnebres, castigo que en España permaneció vigente hasta 1983. En el Concilio de Toledo (693) se instauró que se excomulgase al suicida, e incluso en concilios más recientes como el Concilio Vaticano II (1959) se sigue avergonzando a la persona fallecida por suicidio, puesto que se considera la ofensa más grave que puede llevarse hacia Dios, cuya voluntad determina el destino de cada individuo y el suicidio, por tanto, es un insulto hacia Él.

En la EDAD MODERNA (1492-1789) se extendió por Europa Occidental la tradición de maltratar, mutilar y vejar el cuerpo del suicida, como llegó a establecerse en la Constitución de Castilla y Aragón de 1497, dictaminando que este debía arrastrarse desnudo por la calle, cabeza abajo y con una estaca atravesando su corazón para lograr que su espíritu no regresase y perturbara a los vivos. Sin embargo, durante el siglo XVII en Francia empieza a concebirse la existencia de afecciones psicológicas, como la histeria o la epilepsia, que lejos de ser consideraras una posesión demoníaca, podían suponer los argumentos que justificasen que una persona se quitara la vida. Empezó a emplearse el término de *irresponsabilidad* para explicarlo, como el *non compos mentis* de los romanos. Nace entonces el inicio de la separación entre la religión y la enfermedad mental.

En la EDAD CONTEMPORÁNEA (1789-actualidad) y tras la Revolución francesa, el suicidio empieza a dejar de ser considerado un crimen, no apareciendo ni en el Código Penal de 1790 ni en el Código Napoleónico de 1810. Nace la figura del «alienista», el profesional encargado de estudiar y categorizar los trastornos mentales. Con esta visión del suicidio como una cuestión que refleja la falta de salud mental de la persona que lo comete, comienza a debatirse sobre lo patológico y lo normal de los suicidios. En aquella época los suicidios seguían sucediendo por honor, sobre todo entre los militares que no podían subsanar las deudas que adquirían por el juego, y a su vez comenzaron a producirse suicidios por amor, como queda reflejado en la literatura del Romanticismo. Una de las obras que más marcó a la población fue *Las penas del joven Werther* (1774), de Johann Goethe, cuyo protagonista da nombre al actual término del efecto Werther, que hace referencia al «efecto llamada» o «contagio» producido tras el suicidio de un personaje famoso. Así, la obra de Goethe tuvo tal impacto que, sobre todo en Alemania, se produjo el suicidio de varios adolescentes contrariados por amor imitando en sus propias muertes la condición en la que se produce la del joven Werther. Comienza a gestarse de manera sólida el tabú y uno de los mitos más famosos que estudiaremos en profundidad en el siguiente capítulo: hablar de suicidio produce más suicidios, por lo que no se debe abordar este tema. Existen antecedentes literarios como Romeo y Julieta, la Celestina, leyendas del ciclo artúrico (Lancelot y Morgana) e incluso mitos griegos y mesopotámicos (Píramo y Tisbe), pero abordan el suicidio desde una perspectiva impulsiva amorosa y desde luego no con la profundidad psicológica de Goethe. En España marcaron profundamente los suicidios por amor de Elvira en *El estudiante de Salamanca* (José de Espronceda, 1840) o el protagonista de *Don Álvaro o la fuerza del sino* (Duque de Rivas, 1835). Otras muertes por suicidio quedaron retratadas en varias obras de Benito Pérez Galdós, como *Doña Perfecta*, *Marianela*, *Tormento* o *Fortunata y Jacinta*. El caso más llamativo fue el del propio Mariano José de Larra, que pasa del suicidio simbólico de la literatura al suicidio real, decidiendo morir por huir de un fracaso sentimental y profesional.

Siguiendo con la escena francesa, Jean-Étienne Dominique Esquirol (1772-1840) fue uno de los primeros psiquiatras en dedicarse al estudio sistemático de los trastornos mentales y el suicidio, así como de promover el trato humano de quienes los padecían. El suicidio era síntoma de un trastorno mental, pero no era un trastorno en sí mismo, por lo que sostuvo que los suicidios casi siempre eran ocasionados por la presencia de un trastorno mental y fue de los primeros en plantear la posibilidad de la existencia e influencia de factores sociales. Hizo una división entre los tres tipos de suicidas que él concebía: aquellos casos que se debían a la presencia de un trastorno mental, aquellos que se debían a las pasiones o emotividad intensa, y aquellos que se debían al hastío o aburrimiento de la vida.

Fue a partir de entonces y durante los SIGLOS XIX Y XX que empezó a cambiar progresivamente la mentalidad sobre el suicidio, dejando de comprenderse como un pecado y de criminalizarlo. Al ser una patología mental empezó a relacionarse con cuestiones sociales y psicológicas, siendo los médicos y científicos quienes se encargaban de comprenderlo y abordarlo, en lugar de ser la Iglesia o el Gobierno, como se venía haciendo desde hacía más de mil años. Empezaron a pedir tolerancia y comprensión hacia estas personas, lo que repercutió en castigos menos severos a quien lo intentaba o lo lograba, y hacia sus familias, que por fin podían velar a sus familiares aunque aún no se permitiese su entierro en camposanto.

En Alemania, Arthur Schopenhauer (1788-1860) fue un filósofo que realmente se interesó por aportar una intervención ética y crítica sobre el estigma social que sufrían la persona suicida y sus familiares. Schopenhauer fue el primero en hacer una afirmación que a día de hoy seguimos sosteniendo: la persona suicida no desea dejar de vivir, sino que desea dejar de vivir en las condiciones de sufrimiento que padece y le empujan a tomar tan trágica decisión. Posiblemente su postura estuviera influenciada por el hecho de que, cuando tenía 17 años, su propio padre falleció por suicidio. Años después Friedrich Wilhelm Nietzsche (1844-1900) hizo una distinción entre los posibles tipos de suicidio y los juicios éticos en consecuencia. Por un lado distingue un tipo de suicidio emparentado con el trastorno mental, que se trataba de un suicidio no justificable y por tanto irracional; por otro lado concibe un tipo de suicidio como una forma de eutanasia, aquel que busca una muerte digna y que no constituye una objeción contra la vida, sino como una despedida cuando ya no es posible vivir con orgullo: «Una defensa de la vida a ultranza, hasta donde esta vale la pena ser vivida; esto es a lo que se refiere Zaratustra cuando habla de morir a tiempo: muchos mueren demasiado tarde, y algunos demasiado pronto».

A FINALES DEL SIGLO XIX se gesta la figura del psiquiatra, el médico que debía curar y cuidar a las personas con trastorno mental. Los profesionales están de acuerdo en que el suicidio no es un trastorno en sí mismo, sino que puede aparecer en distintos trastornos mentales e incluso en sujetos que presentan una buena salud mental en los que no es posible hacer ningún diagnóstico. A día de hoy seguimos concibiendo que alrededor del 90 % de las personas fallecidas por suicidio presentaban un diagnóstico de salud mental, pero sin embargo hay casos en los que no es así.

A pesar de estos avances seguía asociándose el suicidio con la vergüenza de los supervivientes y familiares, que eran rechazados y humillados por la sociedad. El estigma social que suponía tener un familiar con un trastorno mental hizo que se ocultase esta información y hasta al propio familiar, por lo que si había un suicidio a menudo se ocultaba la causa de muerte para no ser humillados, excluidos y señalados. Esto, desgraciadamente, sigue haciéndose hoy en día. En este siglo en el que nacieron la sociología y las ciencias sociales comenzó a tenerse en cuenta el suicidio como una problemática social, al igual que el alcoholismo o la pobreza. Su máximo exponente fue Émile Durkheim (1858-1917), sociólogo francés que propuso que el suicidio es un fenómeno individual que responde a causas sociales, así que la tendencia al suicidio no parte de la persona, sino que es el contexto en el que vive lo que la impulsa. Esta perspectiva inspiró que años después se desarrollase el *modelo de vulnerabilidad* o *modelo de diátesis-estrés*, que explica la aparición de un trastorno mental como la conjunción de factores biológicos individuales que predisponen a una persona a desarrollar una vulnerabilidad psicológica frente a los sucesos externos, influyendo a su vez la sociedad en la que se producen dichos sucesos, pues esta facilitará o dificultará la aparición del trastorno. En el capítulo 4 veremos este modelo reflejado en los factores que influyen en la experiencia suicida.

La obra de Durkheim inspiraría años después a Edwin Shneidman (1918-2009), considerado hoy en día como «el padre de la suicidología». Psicólogo clínico, tanatólogo y suicidólogo, fue el autor más prolífico e innovador con algunas aportaciones tan importantes como la creación de la autopsia psicológica, la fundación del Centro Nacional de Investigación del Suicidio, la constitución de la Asociación Americana de Suicidología y el establecimiento de la primera línea telefónica de ayuda a personas en crisis suicida.

SUICIDIO EN ÁFRICA, ORIENTE PRÓXIMO Y ORIENTE MEDIO

El suicidio no ha sido estudiado con tanta profundidad en estos territorios como lo ha sido en Europa, aunque sí hay constancia de que a lo largo de la historia en estas regiones también se han sucedido diversos fallecimientos por esta causa, y se le asocian todo tipo de connotaciones. Por ejemplo, se conoce que las TRIBUS AFRICANAS consideraban que el suicidio era una manifestación de la ira de los ancestros y estaba asociado a la brujería, por lo que hasta estaba prohibido el contacto físico con el cuerpo de la víctima, llegando a quemar la casa donde falleciera o el árbol donde se hubiese ahorcado. Igual que en Europa, sus cuerpos eran enterrados sin derecho a recibir la sepultura o ritos habituales.

En otras sociedades antiguas sí estaba aceptado el suicidio. En MESOPOTAMIA explicaban la existencia del hombre gracias al dios suicida Bel, cuya sangre se mezcló con barro para crear el primer ser humano. La primera referencia al suicidio de la que se tiene constancia en la Historia, así como la primera nota suicida, data de hace cuatro mil años. Dicho escrito cuenta la historia de un hombre que discute con su alma, pues él se siente tan infeliz que desea morir, pero su alma no se lo permite, amenazando con abandonarle, y sin ella no podría llegar al más allá. Este relato pertenece al ANTIGUO EGIPTO de los faraones, una sociedad en la que no se discriminaba el suicidio, pues la muerte era la transición entre una vida y otra. La agonía, la deshonra o el sufrimiento eran intolerables, por lo que el suicidio era una opción para evitar dichos males, y llegaron a crearse asociaciones que buscaban vías agradables de lograr la muerte. El suicidio más representativo fue el de la faraona Cleopatra VII (69-30 a. C.), que mediante un método aún no determinado decidió envenenarse para no ser apresada por Cayo Octavio, primer emperador romano.

El Islam condena explícitamente el suicidio y a la persona que lo cometa. En el Corán se mencionan en diversas ocasiones los motivos por los que es un grave pecado: «No os matéis a vosotros mismos. Allah es misericordioso con vosotros. Quien obre así, quebrantando la ley con injusticia, lo arrojaremos al fuego» (sura 4:59-30), «...no os autodestruyáis» (sura 2:195). Mahoma (570-632) predicó que la vida y la muerte de los hombres y las mujeres depende únicamente de Allah, e incumplirlo supone un acto de desobediencia, siendo un grave *haram* (pecado o acto prohibido). No obstante, igual que en el cristianismo se dieron los mártires y las cruzadas, en el Islam también existen los suicidas «heroicos» que dan su vida por la fe. La yihad de los terroristas islamistas promueve el autosacrificio en la guerra santa contra el infiel, aunque para buena parte de la comunidad musulmana esto es extremista y contrario a las enseñanzas de amor y respeto que su religión transmite.

A diferencia del Islam, en el JUDAÍSMO no existe ninguna referencia explícita en el Talmud que condene el suicidio. A pesar de ello se considera una insubordinación contra Dios y la persona que lo comete no puede ser enterrada con su familia ni ser conmemorada con un *shiva*, el luto tradicional judío. Su familia también era castigada, como sucedía con el antiguo cristianismo y otras culturas. La vida es un regalo de Dios y el respeto hacia ella es una de las máximas del judaísmo, por lo que rechazar la vida y la voluntad divina es un pecado tan grave como el asesinato. El suicidio es una realidad que también afecta a la población judía, y así queda reflejado en el documental *Against your Will* (2015), donde se recoge la historia de Gil y Esther, un matrimonio judío ortodoxo que perdió a dos hijos por suicidio y que mediante este documental desean visibilizar la necesidad de que la juventud hable de su sufrimiento para prevenir unas consecuencias tan dramáticas.

En la ANTIGUA INDIA hubo diversas posturas frente al suicidio. El *Ramayana* y el *Mahabharata*, las grandes epopeyas en sánscrito, ensalzan el suicidio; por el contrario es condenado en los *Upanishads*, una colección de textos religiosos que contiene elementos clave en el hinduismo, el budismo y el jainismo. Aunque habitualmente el suicidio no estaba permitido, si se hacía por motivos espirituales podía tener una connotación positiva, por lo que algunos sabios pertenecientes al brahmanismo se suicidaban durante una celebración religiosa. El hinduismo considera el suicidio tan terrible como el homicidio, pues atenta contra el principio de *ahimsa* (no violencia y respeto a la vida), pero lo respeta si se da en caso de practicarse por motivos religiosos o por preservar el honor y el de su familia. Si se daba en este caso debía hacerse de una manera no violenta, como era dejar de comer hasta fallecer, práctica que solo se permitía a personas muy concretas y que comparte con el jainismo. Se permitía e incluso fomentaba el suicidio ritual de mujeres viudas, que podía ser un *jauhar* (realizado de forma colectiva cuando sus maridos eran vencidos en batalla) o un *sati* (la viuda se inmolaba arrojándose a la pira funeraria de su marido). Por desgracia, aunque el gobierno indio pretende erradicarlo en la actualidad, el *sati* se sigue llevando a cabo en algunas regiones de la India. Finalmente el budismo también rechaza el suicidio, pues el mal cometido en las vidas anteriores se debe padecer para limpiar el karma y no hay manera de escapar a él. El suicidio es inútil: la muerte es la transición entre una vida y la siguiente, y se debe atravesar ese sufrimiento en cualquiera de las vidas terrenales hasta alcanzar el nirvana o el estado mental de paz completa.

Suicidio en Lejano Oriente

En la antigüedad de China el suicidio era culturalmente aceptado siempre que se llevase a cabo por lealtad o por preservar el honor de la familia. La mujer china podía suicidarse si había sufrido un abuso sexual o había mantenido relaciones extramatrimoniales, o para evitar las penurias económicas tras enviudar. En el caso de los hombres podía concebirse como un acto egoísta, especialmente si era hijo único o era el hijo mayor, ya que no cuidaría a sus progenitores en las etapas finales de sus vidas, no podría mantener a su descendencia y no celebraría los rituales de honra a sus ancestros. Abandonar a su familia de esta manera era una vergüenza, por lo que a menudo asesinaban a su mujer e hijos antes de suicidarse. En la cultura donde la expresión emocional no está bien vista, el suicidio históricamente ha sido una manera de hacer pública una protesta social cuando alguien se encontraba atrapado en una situación injusta. La opinión pública simpatizaba con la víctima y solía surtir efecto, por lo que esta práctica se sigue llevando a cabo aún a día de hoy: en la ciudad de Wuhan se encuentra la fábrica de productos electrónicos Foxconn, en la que en 2012 se produjeron serios altercados y múltiples trabajadores amenazaron con el suicidio colectivo si sus condiciones laborales no cambiaban, pues eran tan severas que para entonces varios trabajadores no las soportaron y se suicidaron de manera individual. Actualmente en China el suicidio es un grave problema social y de salud, pues cada año se registran oficialmente más de 300.000 fallecimientos por esta causa, siendo mujeres más de la mitad.

En la historia de Japón se han encontrado diversas figuras y divinidades que componen una mitología de lo más extensa.

Se hablaba de los *shinigamis*, unos seres sobrenaturales que empujaban a las personas a la muerte induciéndoles repentinamente un profundo deseo suicida, con lo que explicaban muchos suicidios individuales y dobles. *Amida* era un buda celestial de especial relevancia en la antigüedad nipona que se encargaba de cuidar de las almas mortales acercándolas al nirvana con su Luz Infinita, por lo que en su nombre era frecuente que un militar japonés vencido se tirase al mar o se enterrase vivo para reparar su derrota. El *bushido*, el código de honor de los samuráis, indicaba cómo realizar el *seppuku*, vulgarmente conocido como *harakiri*, método mediante el cual mostraban su respeto a la tradición expiando su deshonra. Se realizaba también para evitar con dignidad ser apresado por el enemigo, por orden judicial si un samurái cometía una falta grave, o por orden de su señor feudal. La culpa y la vergüenza hacían del suicidio una vía para que un nipón cumpliese con su deber moral. Estas mismas razones eran las que hacían que se regalase, a las niñas que llegaban a la pubertad, un *kaiken*, la daga de doble filo con la que se practicaba el *seppuku*, que debían llevar siempre a fin de utilizarla para defenderse, o para suicidarse si iban a ser violadas. Bajo la misma premisa de los samuráis de preservar el honor surgieron los pilotos kamikazes de la II Guerra Mundial, durante la cual se dieron unos 2500 suicidios, considerados heroicos, al estrellar sus aviones contra el enemigo. En la actualidad el suicidio es una de las principales causas de muerte de los varones adultos. *Aokigahara*, el «bosque de los suicidas», es un lugar al que desgraciadamente asisten miles de japoneses decididos a acabar con su vida. En 2009 se popularizó el documental *Aokigahara Suicide Forest* de la productora VBS TV, en el que Azusa Hayano, guardabosques del famoso lugar, hace un respetuoso recorrido explicando la misión que tiene, junto a los grupos de personas voluntarias, de alentar a los visitantes para prevenir el suicidio y apoyarles en la búsqueda de ayuda.

Suicidio en América

El suicidio en la antigüedad del continente americano no está tan documentado como en los continentes anteriores. No hay muchos datos sobre los IMPERIOS Y CULTURAS DE LOS PUEBLOS INDÍGENAS DE LATINOAMÉRICA O DE LOS PUEBLOS NATIVOS NORTEAMERICANOS, pero sí se han reportado múltiples sacrificios rituales preadolescentes, que aceptaban su destino comprendiéndolo como un deber sagrado. Puede parecer atrevido hablar de suicidio en lugar de asesinato, pero estos preadolescentes, según antropólogos expertos en el campo, lo aceptaban con devoción de manera voluntaria. Había un largo proceso de engalanamiento y preparación, pues morir en una de estas ceremonias era tan distinguido como la muerte de un guerrero en la lucha o la de la mujer que moría dando a luz.

En la CULTURA NÁHUATL PREHISPÁNICA el suicidio solía darse en contextos religiosos como una forma de autosacrificio, que expresaban con el verbo *moxochimictia* (matarse de forma bellamente selecta o sagrada). El interés común de la sociedad náhuatl era superior al interés individual, así que la vida o la muerte de un miembro no tenía más valor que la vida de toda la comunidad. Las muertes individuales sí eran diferentes en función de si a uno le alcanzaba la muerte o si la buscaba, y entre estos era diferente la muerte de los nobles (*pipiltin*) de la muerte de los demás individuos (*macehualtin*).

Los suicidios colectivos tras la conquista constituyen un fenómeno poco estudiado y documentado, y aunque no existe una cuantificación de las víctimas por suicidio llegaron a ser tantas, que la demografía indígena se vio notablemente reducida entre 1530 y 1620. Supuso para miles de nativoamericanos un escape a la vida inhumana que representó el colonialismo. Primero mataban a sus mujeres y niños para después quitarse la vida en masa huyendo del opresor. Una de las mayores oleadas de suicidios colectivos fue provocada a consecuencia del virrey Francisco de Toledo (1515-1582), que inició el secuestro y esclavitud de miles de hombres para explotar las minas de plata del cerro de Potosí (BOLIVIA) durante más de dos siglos. Muchos emigraron para no ser esclavizados, aunque también se dieron suicidios colectivos y la mutilación de muchos de sus hombres para que los españoles no se los llevasen.

La tasa de indígenas en el territorio correspondiente al actual MÉXICO descendió dramáticamente a causa de las guerras, el maltrato y las epidemias surgidas con el colonialismo. Muchos de los indígenas prefirieron morir antes que vivir en un mundo que ya no conocían, pues el suyo estaba antes siendo destruido. La población pasó de veinticinco millones a tres millones.

El antropólogo José Manuel Corpas Nogales publicó en 2011 una aproximación sociocultural sobre la situación actual del suicidio en distintas comunidades amerindias para conocer las causas que los provocaban. Encontró que a cada pueblo le influyen distintos factores, que van desde el *tarujo* hasta los motivos sentimentales y culturales o la reivindicación por la destrucción de sus derechos, culturas y territorios, utilizándose en este caso el suicidio como arma para visibilizar la injusticia que viven. Algunas de las comunidades estudiadas fueron:

- *Comunidades indígenas* de Alaska. En 1978 un estudio encontró que el suicidio es la segunda causa de muerte principalmente en jóvenes de entre 15 y 34 años.

- *Comunidad apache* en Nuevo México. Presentan una tasa de suicidio proporcionalmente cinco veces mayor que la estadounidense debido al sufrimiento que produce la occidentalización y el despojo de sus territorios. Lo mismo sucede con el *pueblo uwa y nunak* en Colombia, que al ser expulsados de su región por grandes multinacionales y petroleras y afectados por la guerra de las drogas, se quitan la vida para protestar por la invasión y profanación de su tierra y la progresiva pérdida de sus valores ancestrales. También sucede con el pueblo *guaraní-kaiowá* de Brasil, que lucha para mantener su territorio e identidad y se encuentra sometido a un régimen de trabajo semiesclavo.

- Los *athabaskan* de Nuevo México. La tasa de suicidios e intentos de suicidio era tan alta a finales del siglo xx que se implementaron programas de prevención del suicidio con una notoria eficacia. Para ello se prestó apoyo a familiares de un suicida y a los supervivientes de un intento, y se implementaron medidas de control de los factores de riesgo como el consumo de alcohol y drogas, la violencia de género y el maltrato infantil.

- Los *aguaruna* del Alto Mayo (Perú). El suicidio es tan frecuente que la propia comunidad lo considera un grave problema social, siendo más frecuente en la juventud y especialmente en las mujeres, que lo realizan por represión o por sufrir maltrato familiar.

- Los *pai-tavyterä* del noroeste de Paraguay. A diferencia de las comunidades indígenas mencionadas antes, en esta comunidad atribuyen la notoria tasa de suicidios al tarujo, una enfermedad enviada por los dioses que produce confusión y voces que le acosan e inducen al suicidio. Sucede principalmente en hombres de entre 15 y 23 años, a quienes no se les permite tener una ceremonia ritual ni ser enterrados con el resto de la comunidad.

- Los *yukpa*. Como en el romanticismo europeo, la principal causa del suicidio en esta comunidad del noroeste de Venezuela es el desamor. El suicidio está visto como un acto de valentía que no suele realizarse de manera premeditada, sino que suele ser un acto impulsivo propio del carácter apasionado, emotivo y melancólico de esta comunidad.

REFLEXIÓN FINAL

Como hemos visto en todas las religiones y culturas, lejos de prevenir el suicidio las prohibiciones, castigos y estigma son medidas que solo ahondan en el dolor de la persona con experiencia suicida y de familia de la víctima. Esto impide que la persona que sufre busque ayuda, haciendo que no se sienta libre de expresarse por miedo a las represalias, lo que a su vez hace que se sienta cada vez más atrapada en una situación cada vez más insoportable. Es evidente que una buena gestión emocional facilita que una persona pueda afrontar las dificultades, que pueda buscar apoyo en otras personas y que sea capaz de encontrar motivos para seguir viviendo. De lo contrario, en la historia queda constancia del peso que tienen en el suicidio la vergüenza, la frustración, la tristeza y el miedo. Esto afecta directamente a las familias, que tan castigadas han sido durante siglos por la sociedad, como si perder a un familiar en estas condiciones no fuese suficiente castigo con el que lidiar. Precisamente en el capítulo 7 veremos cómo ayudar a los familiares de una persona que ha intentado suicidarse, y en el capítulo 9 veremos cómo apoyarles y acompañarles en el duelo por la pérdida del familiar fallecido por suicidio.

En la actualidad el suicidio está emparejado con la salud mental, planteado como un problema serio y dramático de la salud pública de la mayoría de los países, y aunque la actitud de los pensadores le ha dado profundidad temporal a la problemática y nos permite entender los principales cambios en las actitudes hacia el mismo, lo cierto es que el número de los intentos y de los suicidios consumados aumenta en la mayoría de los países a un ritmo alarmante. Nos queda claro que la sociedad fracasa en la medida en que no cumple con las funciones para las que se organiza: favorecer los procesos que generan la vida. En el presente la psiquiatría plantea que el suicidio es raro en sujetos que no presentan trastornos psiquiátricos. En los estudios en los que se ha realizado la autopsia psicológica se ha demostrado que el 90 % de los suicidas presentaba un trastorno psiquiátrico en el momento del suicidio. Se plantea que este porcentaje podría ser mayor, ya que el diagnóstico *post mortem* se realiza recogiendo información del entorno cercano de la persona fallecida. El sufrimiento psicosocial conlleva un incremento del riesgo de suicidio, si bien es cierto que la mayoría de las personas con un diagnóstico de trastorno mental no se suicidan, por lo que podemos llegar a la conclusión de que la presencia de una patología es un factor necesario pero no suficiente para que una persona se quite la vida; profundizaremos en ello en el cuarto capítulo, en el que también veremos las aportaciones de tres autores actuales que te ayudarán a comprender en profundidad la experiencia suicida.

El suicidio es una realidad silenciada desde hace miles de años, pero no por ello debemos dejar de aunar recursos para prevenirlo, pues la historia también nos demuestra que si se toman las medidas necesarias, se pueden reducir las muertes por otras causas, como ha sucedido con múltiples enfermedades, el consumo de drogas, los accidentes de tráfico y la violencia de género, teniendo todo ello una repercusión muy positiva en la calidad de vida de la población general.

Hasta hace no mucho el suicidio siempre era visto como algo horrible de lo que no se debe hablar, y si se hablaba se hacía «por lo bajini», con la boca pequeña y la cara larga, aun siendo una emergencia social. Cambiemos el curso de la historia: hablemos del suicidio desde un enfoque que no castigue, sino que infunda esperanza. No obstante, para abordar de manera eficaz la prevención primero debemos desmitificar el suicidio: veamos en el siguiente capítulo cuáles son los mitos más frecuentes que mantienen el estigma y el tabú que tantos años lleva instaurado en el pensamiento popular.

Capítulo 3.
El suicidio en la actualidad: ¿es un problema relevante? Mitos y verdades

En España los fallecimientos por suicidio se vienen registrando desde 1906. Desde entonces el número de fallecimientos anuales por esta causa ha variado enormemente en nuestro país: por ejemplo, durante la crisis de 2008-2014 se dieron paradójicamente las tasas más baja y más alta de la historia, siendo en 2010, en plena crisis, la tasa más baja con 3158 fallecimientos por suicidio, y la más alta en 2014, al salir de la crisis, con 3910 fallecimientos. Esta última cifra, que ya había superado el récord histórico de 2013, ha sido superada con el año azotado por la COVID-19: en 2020 fallecieron por suicidio 3941 personas, una media de 11 personas al día, una cada dos horas. Esto son casi el triple de fallecimientos que por accidentes de tráfico, catorce veces más que por homicidio y ochenta y cinco veces más que las víctimas de violencia de género. El suicidio es, desde hace tiempo, la principal causa externa de muerte en nuestro país. Además, se conoce la existencia de un importante infrarregistro de los fallecimientos por suicidio, así que detrás de otras causas de muerte se pueden estar ocultando hasta el doble de las cifras que conocemos por suicidio: accidentes de tráfico, complicaciones médicas, envenenamientos o sobredosis accidentales de medicaciones, caídas accidentales o ahogamientos y sumersiones accidentales.

Se estima que por cada persona que se quita la vida veinte lo intentan, y si casi 4000 fallecimientos por suicidios es un número que asusta, el de unas 80.000 tentativas suicidas resulta estremecedor. La Organización Mundial de la Salud (OMS) afirma que la ideación suicida puede afectar a entre el 5 y el 10 % de la población española: significa que entre 2 y 4 millones de personas pueden estar pensando en el suicidio. Según la OMS cada fallecimiento por suicidio afecta directamente a seis personas, lo que serían más de 23.000 personas el año pasado en España, y como el dolor que marca una muerte así acompaña a las personas dolientes durante muchos años, estas más de 23.000 se suman a las del año anterior, que a su vez se sumaron a las del año anterior... y sumándose, por supuesto, al sufrimiento de las personas con ideación o intentos suicidas y sus allegados. Estas estimaciones mundiales afirman que cada año en el mundo fallecen más de 700.000 personas por suicidio (cifra muy superior al número de muertes por guerras, homicidios y catástrofes naturales), y que entre 48 y 50 millones de personas atraviesan un duelo por suicidio. Si estos datos no son alarmantes, no sé qué puede serlo.

Hablando de fallecimientos por suicidio en función de la edad, algunos datos son sorprendentes: después de los tumores, el suicidio es la principal causa de muerte en jóvenes en España; incluso durante el primer año de pandemia, en 2020 fallecieron 77 menores de 29 años por COVID-19 y hubo cuatro veces más muertes por suicidio, 314 jóvenes, 14 de los cuales tenían menos de 15 años (7 niños y 7 niñas). Esta es la mayor tasa de suicidios de menores de 15 años en nuestro país. La crisis ocasionada por la pandemia ha provocado, entre otras muchas cosas, que el número de trastornos mentales y de la conducta entre menores de edad se haya visto triplicado, habiéndose incrementado el número de intentos suicidas en un 250 %. En población adulta la depresión y la ansiedad también se han incrementado: el triple y el cuádruple respectivamente. El rango de edad en el que más fallecimientos ocurrieron fue en el de las personas comprendidas entre los 40 y los 59 años. Más de 1000 personas mayores de 70 años fallecieron por suicidio, habiendo aumentado la cifra, comparando con el año anterior, en un 20 %. Y esto, insisto, son las cifras registradas, las que sí conocemos: cuántas personas habrá sin atención especializada, sin diagnóstico, cuántos suicidios se ocultan detrás de otras causas de muerte. Cuántas personas se quedan fuera de estas cifras.

Si estudiamos la tasa de fallecimientos por suicidio en las comunidades autónomas de España, las que sufrieron un mayor número de fallecimientos en 2020 fueron Andalucía (793 fallecimientos), Cataluña (556), Comunidad Valenciana (440), Comunidad de Madrid (373), Galicia (305) y Castilla y León (228). En función del género las mujeres cometen más intentos que los hombres, pero los intentos de los hombres son más letales. De promedio, por cada cuatro hombres que mueren por suicidio muere una mujer por la misma causa; sin embargo, por cada cuatro mujeres que intentan suicidarse, lo intenta un hombre.

Finalmente, es importante conocer los métodos más empleados para acometer un acto suicida —pues el acceso a medios letales es un factor de alto riesgo—, y ser conscientes de ello para que podamos controlar o limitar su acceso, protegiendo a la persona; veremos esto en mayor profundidad en el siguiente capítulo, dedicado a los factores de riesgo y protección. El método más empleado por hombres es el ahorcamiento, por mujeres es saltar desde un lugar elevado; otros métodos son el envenenamiento por fármacos, el uso de armas de fuego, el ahorcamiento y sumersión, el uso de objetos cortantes o arrojarse delante de un objeto en movimiento.

Sé que son muchos números, cifras y datos, pero parece mentira cómo tanto sufrimiento no resulta en medidas de prevención, intervención y postvención implementadas en nuestra sociedad, en nuestro sistema sanitario y en los planes estatales. ¿Cómo es esto posible? Hablaremos de ello más adelante, pero esto se debe, entre otras cosas, a los mitos que ensombrecen aún más a la persona con experiencia suicida, y al estigma que ello fomenta y mantiene.

Ahora que somos conscientes de que esto es un problema relevante sobre el que tenemos que actuar, debemos combatir estos mitos, el estigma y la desinformación social. El silencio legitima el tabú, el silencio mata y no hablar de suicidio, mata. Los mitos son aquellas falsas creencias que se transmiten en la sociedad y que, lamentablemente, hacen que la prevención del suicidio sea más difícil, pues generan una imagen errónea de la experiencia suicida, las personas a las que afecta y a sus allegados. La sensibilización sobre la salud mental es la base para cualquier intervención, y esto comienza por obtener información veraz. Las consecuencias de estos mitos afectan directamente a la persona con experiencia suicida, pues hace que no se sienta libre de poder hablar de sus emociones y creencias, dificultando que pida ayuda y, por tanto, aumentando el riesgo de cometer un acto suicida. Ello, una vez más, se traduce en sufrimiento. Todo esto no hace sino fomentar el estigma, el tabú, la vergüenza, la soledad... enquista el dolor, lo infecta y daña aún más a personas que ya se sienten dañadas.

Suelo decir que todo el mundo, o casi todo el mundo, tiene madera de psicólogo/a, y es que tenemos las habilidades básicas necesarias, ahora solo hay que saber emplearlas para aumentar el potencial de ayuda. Escuchar es fácil, pero en función de nuestras experiencias, creencias, opiniones y de lo que sepamos respecto a distintas cuestiones, nos haremos una idea de la persona a la que estamos escuchando. Conociendo los mitos que afectan al suicidio y la realidad que hay tras ellos, seremos capaces de escuchar con claridad a la persona que pueda expresar sus ideas suicidas, no valorando desde un juicio distorsionado o lleno de posibles distorsiones y etiquetas negativas, sino desde el profundo conocimiento y comprensión de la experiencia suicida. Sabremos transmitir eso a la persona con la que hablemos, lo que posiblemente le hará sentir más confianza y seguridad para hablarnos, apoyarse y buscar ayuda.

A continuación te presento un «*ranking* de mitos sobre el suicidio», una lista de las falsas creencias más populares, y la realidad que subyace bajo ellos. Me encantaría que compartieses tus reflexiones al respecto, y que entre todos y todas entendamos con mayor empatía a las personas a las que afecta la experiencia suicida.

1. *Poca gente fallece por suicidio. No es un tema relevante sobre el que intervenir.*

   Lo hemos visto a lo largo de este capítulo: el suicidio se cobra más vidas al año que la violencia de género y los accidentes de tráfico a nivel nacional, y más que las guerras, homicidios y catástrofes naturales a nivel mundial. Es la primera causa de muerte no natural y son miles de personas las que sufren por haber perdido a alguien por suicidio, o por ser la persona con experiencia suicida, o por tener a una persona cercana sumida en dicha experiencia. Así que sí, es una cuestión de salud pública, es una reivindicación social que hacemos cada vez con más fuerza, pues si hace sufrir a miles de personas, y si además se puede prevenir, ¿cómo no va a ser motivo de intervención una tragedia como esta? Si esta no lo es, ¿cuál sí?

2. *Preguntar a alguien si está pensando en suicidarse puede incitarle.*

   Claro, como si a cualquiera que no piensa en suicidarse, cuando le hiciesen esa pregunta, pensase «Oye, ¡qué buena idea! Mejor me suicido». Si sospechamos que alguien está pensando en el suicidio y se lo preguntamos probablemente eso no precipite su decisión ni le «anime» a hacerlo, sino lo contrario: preguntar por ello significa que quien pregunta se preocupa por la persona que sospecha que tenga ideación suicida, por lo que puede generar esperanza de cambio. Se puede preguntar de muchas maneras, más directas («¿Estás pensando en el suicidio?») o más indirectas («Te noto diferente últimamente y temo que estés pensando en hacerte daño»). La clave está en preguntar sin juzgar: no ayuda nada formular la pregunta como «No estarás pensando en hacer una tontería, ¿verdad?», pues ni el suicidio ni las emociones de nadie son tonterías. Hablaremos de cómo abordarlo en el capítulo 6.

Cuando he preguntado a las personas a las que acompaño en su proceso de recuperación si tienen ideación suicida, la mayoría de ellas se sienten liberadas al poder hablar de ello, expresar sus emociones y pensamientos sintiéndose escuchadas y respetadas, sin que se les culpabilice o se minusvalore su situación. Hablar de suicidio no provoca suicidios ni los precipita; tener pensamientos suicidas y no poder hablar de ello sí que puede provocar más sufrimiento, incomprensión y soledad, pudiendo desembocar, entonces sí, en suicidios.

3. *Hablar públicamente sobre el suicidio puede provocar que haya más suicidios.*

Al contrario: hablar de suicidio lo previene. Hablar de suicidio abiertamente significa sacar de las sombras esta realidad, romper el tabú y visibilizar una cuestión que al año afecta a miles de personas. Hablar de suicidio significa traer a la consciencia colectiva que el dolor puede llevar a alguien a tomar una decisión así, y que puede afectar a cualquiera, pues cualquiera puede sentir dolor. Hablar de suicidio significa conocer los factores de riesgo y de protección que puede tener alguien cercano, y atender a las señales que uno puede ver, para poder ayudar a una persona que sufre. Hablar de suicidio con sinceridad es hablar de estar bien, de no estar bien, de pedir ayuda y de ofrecerla. Hablar de suicidio hace que quien piensa en el suicidio no se sienta solo o sola, que no tema compartir el sufrimiento porque va a ser entendido o entendida, porque hablar de su experiencia suicida no asustará, ni creará rechazo, ni la invalidará. Porque si hablamos de suicidio tendremos información, la información es poder, y el poder es capacidad de ayuda. Así que, por favor: hablemos de suicidio.

En la experiencia suicida pueden producirse dos efectos opuestos: el efecto Werther y el efecto Papageno. El efecto Werther, conocido como *efecto llamada*, es aquel que sucede cuando el suicidio de una persona referente produce el suicidio o tentativas de otras personas; puede ocurrir en población general debido a una mala divulgación en medios de comunicación sobre el fallecimiento por suicidio de un personaje público, alentando al sensacionalismo. El efecto Papageno, por el contrario, es aquel que sucede cuando una persona quiere ayudar a otra que está atravesando una experiencia suicida, lo que refleja una gran empatía. Debemos hablar sobre suicidio para fomentar el efecto Papageno y disminuir el efecto Werther.

4. *La persona que desea suicidarse no lo dice.*

Esto es medio verdad: a veces las personas que desean suicidarse no lo dicen, pero por diversos motivos. Tal vez tengan miedo al rechazo que pueda generar en su entorno el hecho de contar sus pensamientos suicidas. Tal vez piensen que no sirva de nada, que nadie pueda ayudarles o que no quieren dar más problemas y preocupaciones a sus seres queridos. Puede que no lo cuenten por temor a llevarse una bronca («¿Cómo puedes decir eso, si lo tienes todo?»), a que les culpabilice («Te pasa porque decidiste hacer esto aquella vez y ahora te toca pagar las consecuencias»), a recibir mensajes que le hagan más daño («Lo dices para llamar la atención»), a que no se respete su mundo emocional («No deberías sentirse así, es una tontería»), o a que no se les escuche («Eso no es nada, hay gente que está peor que tú y no se suicida»). Así que, si la persona que desea suicidarse no lo dice, probablemente no sea porque quiera egoístamente guardar su secreto, sino porque no se sienta libre de hablar para ser escuchada y comprendida.

La otra mitad de la verdad es que la evidencia científica demuestra que por cada diez personas fallecidas por suicidio nueve expresaron claramente su ideación suicida y la décima dejó entrever sus intenciones. Así que tal vez la persona con experiencia suicida esté mandando señales, más explícitas o más indirectas, pero su entorno no las sepa interpretar, lo que le hará sentir más sola y desamparada, aumente el sufrimiento y, consecuentemente, el riesgo.

Imagina que estás en un momento de tu vida muy difícil, en el que sientes un gran sufrimiento del que piensas que no podrás salir y empiezas a pensar en la muerte. *¿Cómo voy a preocupar a mi madre si se lo cuento? El otro día le mandé una indirecta a mi amiga y su reacción me hizo daño. ¿Le daré un disgusto a mi hermana? Mi pareja no entiende que me sienta así, y a veces le enfada.* Y ahora, imagina el otro lado: *¿Cómo me sentiré si mi pareja, mi hija, mi hermano... está sufriendo tanto que piensa en la muerte y tiene miedo de contármelo por si me enfado, por no molestarme o por miedo a que le haga sentir culpable?* Sabiendo que un ser querido se encuentra en una situación así, ¿quién no querría ayudarle, hablar y brindar su apoyo para rescatarle de tanta infelicidad? «Siento que sufras tanto, debe de ser muy duro sentirse así y no debes cargar con esto tú solo/a. Cuenta con mi apoyo para lo que me necesites, te escucharé y buscaremos la mejor manera de hacer que te sientas mejor. Tú me importas, tu bienestar me importa».

5. *La persona que dice que desea suicidarse no lo hará.*

El lado opuesto del mito anterior y que posiblemente se vea retroalimentado por ello. La persona que dice que desea suicidarse muy probablemente no lo haga porque con ese mensaje esté expresando su malestar y pidiendo ayuda. Hoy en día se habla con frivolidad del suicidio, y sobre todo en la población más joven se dicen «de broma» frases como «Uff, si me pasa eso pues me pego un tiro», «A ver si me muero» y otras muchas expresiones de desprecio hacia la propia vida, que no irán siempre en serio, que son como un hipérbaton del lenguaje popular. El problema es que, al igual que Pedro y el lobo, cuando hay que tomarlas en serio no se toman como tal por esta especie de «sensibilización de la comunicación suicida». Es importante captar el tono con el que se dice, pues a veces entre broma y broma se esconde una verdad y es importante darse cuenta para hablar de ello. ¿Tienes dudas de si alguien lo dice de verdad o no, si realmente piensa en el suicidio? Fácil, sigue lo que estás aprendiendo en esta guía: pregunta, y acto seguido, escucha abiertamente lo que tenga que decirte sin juzgar.

6. *Quiere llamar la atención o hacer chantaje.*

Esto está conectado con el anterior mito. Siempre se debe tener en consideración un mensaje así. SIEMPRE. La victimización, la instrumentalización de la experiencia suicida o las autolesiones son una realidad, pero tanto si hay intención de morir como si no, la persona que habla de estas ideas, del dolor que las causa, lo que pide es ayuda, y si lo hace para llamar la atención tal vez sea porque esa es la manera que ha pensado que puede usar para conseguir la ayuda que busca. Llamar la atención puede ser una manera de salir de esa invisibilidad que a menudo atormenta a las personas con ideación suicida. Así que, si crees que alguien tiene ideación suicida o se autolesiona para llamar la atención, por favor: presta atención a sus necesidades y emociones, y préstale tu ayuda.

7. *La persona que vive una experiencia suicida está enferma, tiene un trastorno mental.*

Señalar a alguien por su salud mental y hacer una distinción entre «persona enferma» y «persona sana» tiene una utilidad para la sociedad, y es que esta distinción permite crear distancia y pensar que solo las personas enfermas harían algo así. El estigma está compuesto de eso: creencias, señalamientos y distinciones. Si bien es cierto que más del 90 % de las personas que fallecen por suicidio tienen un diagnóstico de trastorno mental, no es un criterio concluyente: ni toda persona que vive una experiencia suicida tiene un trastorno mental, ni todas las personas con un trastorno mental tienen experiencia suicida. A lo largo de este libro espero hacerte ver que la experiencia suicida es una experiencia humana de sufrimiento, y no entiende de categorías enfermedad/salud.

8. El suicidio no se puede prevenir.

Esto suele ir acompañado de muchas explicaciones: porque no hay manera de preverlo, porque sucede de manera repentina y sin avisar, porque el acto suicida se realiza de manera impulsiva... Como problema de salud pública que es, es una cuestión que se puede y se debe prevenir. En las últimas décadas se han puesto en marcha diversas campañas que han mostrado ser eficaces con su objetivo de reducir la tasa de casos sobre los que dicha campaña busca concienciar: prevención de accidentes de tráfico, intervención en casos de violencia de género, campañas por la educación sexual o para la prevención del consumo de drogas. Diversos países europeos han puesto en marcha planes nacionales de prevención del suicidio que han demostrado ser eficaces, pues la tasa de tentativas y de fallecimientos por suicidio ha disminuido notablemente. El suicidio se puede y se debe prevenir realizando acciones en todos los niveles, concienciando a la población, invirtiendo en recursos económicos y humanos, etc. Existen tres tipos de prevención: *primaria*, dirigida a población general sana, para prevenir la aparición de experiencia suicida; *secundaria*, dirigida a población de riesgo, para realizar una intervención precoz antes de que se desarrolle la experiencia suicida; y *terciaria*, dirigida a población afectada de experiencia suicida.

9. Si intentó suicidarse una vez, lo volverá a hacer hasta conseguirlo.

Te adelanto un dato del siguiente capítulo: el mayor factor de riesgo para que una persona tenga una tentativa suicida es que ya lo hubiese intentado en el pasado. ¿Significa esto que está todo perdido y la persona lo intentará inevitablemente hasta fallecer? Para nada. La experiencia suicida no es crónica, que una persona haya tenido ideación o tentativas suicidas no significa que vayan a acompañarle el resto de su vida, aunque sí supone un mayor riesgo para que se repita que si nunca ha habido antecedentes. La prevención del suicidio es necesaria tanto si hay antecedentes como si no. El suicidio se puede prevenir.

10. *La persona que se suicida quiere morir.*

La persona que se suicida no quiere morir, sino dejar de sufrir. Nadie que se suicida es feliz. La persona con experiencia suicida se siente ambivalente en la búsqueda de alternativas para resolver aquello que le causa tanto malestar. Nadie tiene como plan A el suicidio. Hablaremos del «efecto túnel» en el que se encuentra inmersa una persona con ideación suicida: la única salida posible que encuentra a su sufrimiento es la muerte, como forma de liberarse del dolor físico o emocional. No es capaz de encontrar soluciones, o no se ve capaz de llevarlas a cabo. Siente desesperanza, que no hay otra salida, o que nadie la puede ayudar. Si existe una salida alternativa, si siente que puede recibir ayuda, si siente un poco de esperanza, la persona con ideación suicida buscará esas opciones antes que la muerte. Porque la persona con experiencia no quiere vivir la vida del modo que la vive en ese momento, sino de un modo que no le haga sufrir, ¿y acaso no es eso comprensible?

A veces este mito va ligado a «es una decisión personal y no debemos intervenir». Precisamente por este efecto túnel que siente la persona y la limitación emocional para resolver el conflicto, la muerte no es una decisión tomada desde la libertad, sino desde una visión borrosa que tiene la persona con experiencia suicida. No es una decisión libre, porque la persona en ese estado mental no siempre es dueña de sus actos. El sufrimiento puede afectar tanto que es capaz de alterar la capacidad de toma de decisiones, e incluso el funcionamiento psicológico.

11. *El ingreso involuntario y la medicación son los medios más eficaces para prevenir el suicidio.*

El ingreso hospitalario es un tema delicado, más aún si es un ingreso psiquiátrico, aún más si es involuntario, y todavía más si es por experiencia suicida. Permitidme hacer una analogía entre el riesgo suicida y un fallo cardíaco. Cuando el riesgo de suicidio es muy alto o ha sucedido una tentativa, si existe un riesgo inminente, se debe velar por la integridad física de la persona y proceder a un ingreso; igual que si sucede un infarto, la prioridad es mantener a la persona con vida. Sin embargo, si la única atención que se recibe es ese ingreso urgente y luego se devuelve al contexto que ha podido producir ese fallo o tentativa suicida, sin ningún tipo de apoyo, pauta o atención profesional, lo más probable es que el riesgo persista. De hecho, diversos estudios demuestran que el riesgo de tentativa suicida aumenta en los días posteriores a un alta psiquiátrica. Así como un problema cardíaco no se atiende exclusivamente con medicación (debe haber una continuidad en la atención por parte de profesionales en cardiología, cambiar la rutina nutricional, ejercicio físico adecuado y otros hábitos de vida saludable), una afectación psicológica como la experiencia suicida no se debe atender exclusivamente con psicofármacos. Algunos fármacos (y solo algunos, y solo en algunas personas) tienen efectos secundarios suicidógenos: a veces una persona está tan deprimida que no tiene energía ni para cometer un acto suicida, los antidepresivos pueden «devolver» cierta energía a la persona y, si no existe un apoyo psicoterapéutico, puede suceder que esa energía lleve a una tentativa suicida, pues posiblemente lo que le hiciese sufrir seguirá existiendo. Como hemos visto, la experiencia suicida es multidimensional: social, familiar, laboral, económica, biológica... Los fármacos atienden exclusivamente a esta última dimensión, por lo que se deben abordar todas las esferas vitales de la persona para potenciar la recuperación. Además, uno de los métodos de suicidio (o tentativa) más empleado es la sobredosis medicamentosa, a menudo realizada con los psicofármacos que tenga recetados la persona. Actualmente los psicofármacos son cada vez más seguros precisamente para prevenir esto, pero ello no quita que las personas lo sepan o no, y que siga habiendo tentativas de estas características.

12. Hay que ser muy valiente para suicidarse.

Y el mito contrario: el suicidio es de cobardes, es un acto egoísta. Ambos son juicios de valor sobre una experiencia tan personal como es el sufrimiento. Pensar que se es valiente por tener ideación o realizar una tentativa suicida es romantizar y banalizar la infelicidad de la persona que lo protagoniza; pensar que se es cobarde por elegir no sufrir, es culpabilizar a la persona por no sentirse capaz de afrontarlo. Ambas cuestiones alimentan el tabú, el miedo o la vergüenza con los que una persona con experiencia suicida debe lidiar para pedir ayuda... ¡y bastante lucha interior tiene ya! Frecuentemente, la persona con ideación suicida se siente una carga o una molestia para sus familiares, seres queridos e incluso para los profesionales que la atienden, por lo que creen que «quitándose de en medio» liberan a los demás de esa carga que es la propia persona; creen que estarán mejor, por lo que lejos de ser egoísta, desde la perspectiva distorsionada de la persona suicida, es una idea altruista. Este mito, como todos los demás, solo acrecienta el dolor.

13. La mayoría de las personas que mueren por suicidio dejan una nota.

Ciertamente, algunas personas deciden dejar una carta, cuyo contenido varía en función de la edad. Las personas jóvenes habitualmente hablan en esta nota de las circunstancias de la muerte; las adultas, especialmente las ancianas, hablan de sus sentimientos e incluso buscan arreglar asuntos tras su muerte, como una herencia. Esto deja entrever que la necesidad de explicar lo sucedido y de comunicarse es una necesidad humana, que posiblemente no fuese escuchada en vida y que tal vez, si así hubiese sido, pudiera haberse prevenido. No obstante, buena parte de las personas fallecidas por suicidio no dejan esta nota por diversas causas.

14. *Cuando una persona fallece por suicidio, sus allegados y allegadas deben ocultarlo y contar otra causa de muerte.*

Este mito refleja perfectamente el tabú y estigma que sufren las personas con experiencia suicida, pues da a entender que es motivo de vergüenza. A menudo las familias hablan de accidentes o enfermedades repentinas para explicar lo inesperado del fallecimiento; ya sea por el miedo a ser juzgadas o criticadas, por la incapacidad emocional producida por el dolor que genera asumir la verdadera causa de la muerte, o por el motivo que sea, hablar del fallecimiento por suicidio genera un sufrimiento difícil de describir para los y las supervivientes. Sin embargo, no ocultarlo y hablar con sinceridad de ello, cuando la persona se sienta capaz y lo desee, quita este velo de vergüenza y permite el acompañamiento, apoyo y comprensión de los y las supervivientes. Hablar de suicidio es necesario para prevenirlo, pero también para ayudar a los y las supervivientes a hacer el duelo e integrar la pérdida sin generarles culpa o vergüenza.

15. *El suicidio es hereditario.*

Esta afirmación es tan real como afirmar que morderse las uñas es hereditario. El suicidio, como acto, no se hereda; algunos factores de riesgo asociados sí lo son, como los antecedentes familiares de algún diagnóstico de trastorno mental o cuestiones más neurobiológicas. Además, ser superviviente de un familiar fallecido por suicidio compone un factor de alto riesgo por el sufrimiento que ello genera. En la experiencia suicida pueden afectar otras cuestiones familiares como la falta de apoyo familiar, un clima hostil, el maltrato y la violencia, la dificultad para encontrar estrategias de afrontamiento que pueden darse en el funcionamiento familiar, tener un nivel socioeconómico bajo (con las consecuencias que ello acarrea), etc. Esto no es heredable, no están en los genes de nadie estos aspectos de la vida de una persona, pero como cuestiones vitales que son, suponen factores de riesgo asociado.

16. *Los niños y las personas mayores no se suicidan.*

Como hemos visto a lo largo de este capítulo, el sufrimiento y la experiencia suicida, en mayor o menor medida, pueden afectar a las personas independientemente de su género, edad, raza, clase social o medio en el que vivan.

Solo en 2020 hubo 14 muertes de niños y niñas menores de 15 años y más de 1000 de personas mayores de 70 años por suicidio... y cuántos fallecimientos se habrán codificado como otras causas de muerte, cuando en realidad fueron suicidios.

Todos somos agentes de cambio dado que todos podemos ayudar. Desmintiendo estos mitos, informándonos sobre la realidad que nubla y acercándonos de manera empática, podremos tejer una gran red de apoyo para el cuidado de la salud mental y la prevención del suicidio. No podemos culpar a nadie de su sufrimiento, ni podemos culpar a alguien por el suicidio de una persona; esto solo suma sufrimiento. Lo que sí podemos hacer es saber, entender y aprender a dar una ayuda eficaz. Para comprender mejor la realidad de la persona con experiencia suicida, en el siguiente capítulo conoceremos las situaciones que pueden facilitar o dificultar la aparición de esta experiencia, así como las señales a las que debemos prestar atención para detectar quién puede estar necesitando ayuda urgente.

Capítulo 4.
Comprender a la persona con experiencia suicida

Si la vida es lo más valioso que tiene una persona, ¿cómo puede alguien renunciar a ella? En el segundo capítulo de esta guía hemos conocido lo que implica el suicidio en distintas culturas y momentos históricos, y en el capítulo anterior hemos desmentido muchas falsas creencias que empañan la visión de lo que implica el suicidio. Cuando una persona expresa ideación suicida en su entorno, cuando comete un acto o cuando desgraciadamente lo logra, con frecuencia lo que impera es una sensación de desconcierto e incomprensión. Ahora entiendes que es de vital importancia (y nunca mejor dicho) prevenir el suicidio, pero... ¿comprendes a la persona con experiencia suicida?

¿Qué significa comprender a una persona? Según la RAE, ENTENDER significa «tener idea clara de las cosas, saber con perfección algo, conocer el ánimo o la intención de alguien», mientras que COMPRENDER significa «encontrar justificados o naturales los actos o sentimientos de otro». Para mí comprender implica una dimensión emocional de profundidad, reconocer al otro en todo su ser y apreciarlo, aunque pensemos de manera diferente. Comprender a una persona es como el «te veo» de la película *Avatar*, que significa que eres capaz de verla no con los ojos, sino con el alma, en toda su integridad, más allá de las etiquetas, los roles o los juicios, respetándola; es asomarse a su fuero interno para, desde dentro, poder ver el mundo desde su punto de vista, con sus propios ojos y en *full HD*. ¿Y qué hace falta para comprender a alguien? Comunicarse, pero comunicar de manera eficaz y genuina, de forma que se exprese claramente lo que se quiere transmitir, y escuchando activamente este mensaje. Hace falta empatía, ¡una buena dosis!

En este capítulo abordaremos la importancia de estas habilidades, y conoceremos la perspectiva de tres autores para comprender a las personas, su sufrimiento y sus motivaciones. Ellos me ayudan a comprender mejor como psicóloga y como persona, y estoy segura de que tú conocerás a muchas otras personas que te ayudarán a comprender. También veremos el papel que el control y la capacidad de adaptación juegan en la mente humana, pero primero de todo, analizaremos qué factores pueden influir en la aparición de la experiencia suicida, sobre todo en sus comienzos.

Factores influyentes en la experiencia suicida

Hay una metáfora que me gusta mucho utilizar cuando acompaño a alguien en su proceso de recuperación. Es sencilla y da mucho juego: tu mente como tu coche. Si la vida es un camino, tú deberías poder conducir por la carretera que quieras eligiendo las paradas, los cambios, la velocidad... En tu vida tú conduces, tú decides. Para poder tener un buen viaje hacen falta muchas cosas, empezando por tener un buen coche. Un coche en el que te sientas cómodo/a, que funcione correctamente, que sea seguro... En este caso, tu coche es tu mente. Debes sentir que tú conduces, que tomas tus decisiones con serenidad y buen juicio, que el vehículo funciona como tú quieres que funcione. Sería una irresponsabilidad conducir un coche averiado, que el conductor no se encontrase bien o que las condiciones de la carretera fueran arriesgadas, ¿verdad?

A veces el clima, el desgaste, los accidentes o la forma de conducir hacen que el coche se deteriore o sufra averías, o que el conductor se sienta muy cansado. A veces son pequeñas cosas, arreglillos que pueda apañar cada uno de forma autónoma. Otras veces son averías más incómodas, se encienden algunas luces en el salpicadero indicando que algo no va bien, y son cosas que deben ser atendidas antes de que vayan a más. En ocasiones la avería es más seria y no se puede circular hasta que unos profesionales lo arreglen en el taller.

Aquellas señales de las que cada uno se da cuenta, las luces en el salpicadero y las dificultades en la carretera, son los factores de riesgo para tener una avería o, llegado el caso, un accidente. Conocer los factores de riesgo hace que uno pueda detectar cuándo su coche no va bien, o que nuestros acompañantes puedan darse cuenta de que el coche o el piloto no están bien. Así que en las próximas páginas presta atención, porque es importante ser consciente de estas señales y factores para poder arreglar el vehículo antes de que nadie sufra un accidente.

Cuando ocurre un intento o una muerte por suicidio, parece que «a toro pasado» era previsible que sucediera la desgracia. La gente alrededor de la víctima se pregunta, «Estaba claro que esto, eso y aquello afectaron, ¿cómo nadie hizo nada?». No se trata de buscar culpables, sino de comprender. Si no se vio venir fue porque nadie sabía a qué señales tenía que atender; antes de aprender a conducir no prestamos atención a las señales de la carretera, y sin embargo, cuando ya sabemos conducir, tenemos tan integrado atender a las señales que sale de manera natural actuar en función de las que vemos. Conocer los factores de riesgo es aprender cuáles son estas señales para atenderlas a tiempo y saber responder ante ellas.

Los FACTORES DE RIESGO son aquellas cuestiones (características, condiciones, comportamientos o circunstancias) que aumentan la probabilidad de aparición de una enfermedad o situación perjudicial para la persona que los presenta, en este caso, la experiencia suicida. Son muchos los factores que pueden afectar a la persona, por lo que se clasifican en función de si son individuales o sociales, si son internos o externos, si se pueden modificar o no mediante la intervención, y en función de que sean cercanos o lejanos en el tiempo. Que haya varios factores de riesgo no determina que vaya a suceder, pero sí significa que es más probable que suceda un acto suicida, y pueden influir en la gravedad de ese acto. El pasado y el presente de la persona pueden afectar a la crisis, pero también puede haber una anticipación de un suceso futuro y esta preocupación juega un papel importante en la intervención que podamos hacer.

➔ El riesgo suicida no se debe a un único factor,
sino a una acumulación de ellos.

Si te preocupa una persona que conoces desde hace tiempo probablemente tendrás más información sobre su historia y su situación actual, por lo que te resultará más fácil localizar sus factores de riesgo, de protección, precipitantes y señales de alarma. Además, suele resultar más fácil confiar en alguien conocido, por poco contacto que tengáis, que en un completo desconocido. Si no conoces a la persona en profundidad (tal vez eres su médico, o compañero/a en el trabajo, o docente...), tendrás que «afinar los sentidos» para detectar mejor todos estos factores. Tanto si conoces a la persona que te preocupa como si no, ofrecer tu ayuda a quien creas que puede necesitarla puede ser como lanzar un salvavidas.

Por otro lado, los FACTORES DE PROTECCIÓN son aquellas cuestiones que, como indica su nombre, protegen a la persona de la aparición de un evento estresante, y que, si ese evento aparece, la persona pueda afrontarlo y salir airosa de ello. Previenen que aparezca una avería en su coche, pero si sucede la avería, la persona podrá repararla antes de que se den otras averías o sufra un accidente. Cuantos más factores de protección tenga una persona, mayor será el número de puntos de apoyo que haya, más eficaz será la intervención y mejor podrá recuperarse de una crisis. Nuestra misión entonces será potenciar los factores de protección que ya tenga, o ayudar a generar nuevos factores de protección. Los factores de protección pueden ser internos, como parte de su personalidad y sus capacidades, o externos, como el entorno en el que se desenvuelva.

Los FACTORES PRECIPITANTES son aquellos eventos, circunstancias o situaciones que pueden llevar a una persona al principio del camino de la experiencia suicida. Pueden ser generales, afectando en cualquier momento de la vida, o específicos de cada etapa vital.

Finalmente, las SEÑALES DE ALERTA son aquellos signos y síntomas cuya aparición debe hacer saltar nuestras alarmas y hacernos sospechar que existe riesgo suicida. Pueden ser verbalizaciones explícitas que haga la persona, o pueden ser señales no verbales, como conductas u otras señales físicas que podemos observar.

Hay muchas maneras de categorizar los factores que influyen en la experiencia suicida. Como no queremos hacer un análisis profundo de las categorías, te los voy a explicar a grandes rasgos, sin hacer esta clasificación, y después de cada apartado de los factores influyentes habrá un esquema global para que te hagas una idea de un vistazo.

FACTORES DE RIESGO

Antecedentes personales de experiencia suicida

Desde haber tenido ideación suicida hasta haber cometido al menos un intento de suicidio, incluyendo autolesiones; cualquiera de estas experiencias es indicativo de que una persona puede tener mayor riesgo de pasar de nuevo por ello. Todos los estudios realizados en cualquier continente han demostrado que tener estos antecedentes constituye el mayor factor de riesgo frente a un nuevo intento de suicidio, pues más de la mitad de las personas fallecidas por suicidio habían realizado previamente al menos un intento. El riesgo es especialmente alto dentro de los primeros meses tras un intento, sobre todo si ha sido un intento grave o si ha dejado secuelas físicas permanentes, pues las secuelas psicológicas siempre son permanentes.

Factores sociodemográficos. La edad, el género, el estado civil o la orientación sexual son variables personales que pueden constituir factores de riesgo. En el próximo capítulo profundizaremos en las variables de edad y salud mental, pues son cuestiones tan importantes y extensas que merecen un capítulo entero, ya que el abordaje en cada etapa vital es diferente y la presencia de un trastorno mental requiere una intervención específica. Algunos estudios encuentran que las personas viudas tienen una mayor tasa de suicidio que las personas divorciadas; detrás de las divorciadas, las personas solteras son las de mayor riesgo, y finalmente las casadas o con pareja son las de menor riesgo. Esto es especialmente evidente según avanza la edad, y afecta en mayor proporción a los hombres frente a las mujeres. La orientación sexual puede ser un factor de riesgo, en cuanto a la posible autopercepción negativa, la falta de apoyo o aceptación familiar, el entorno hostil y el aislamiento, o las dificultades para construir la identidad sexual. Si quieres saber más sobre esto, te recomiendo ver *Mi pequeño gran samurái*, el documental en memoria del joven Ekai, que visibiliza la necesidad de la inclusión del colectivo trans y la defensa de sus derechos para prevenir el suicidio. Un nivel educativo bajo o una vocación profesional frustrada (es decir, no poder dedicarse a lo que a uno le gusta habiéndose formado o no para ello) también pueden ser factores de riesgo. ¿Significa todo esto que, si no tengo pareja, pertenezco al colectivo LGTBIQ+ o no tengo un alto nivel de estudios puedo cometer un intento de suicidio? ¡Para nada! Como te conté al principio, la experiencia suicida es multifactorial, por lo que si una persona reúne varios factores de riesgo es más probable que pueda atravesar una experiencia suicida que si reúne pocos factores.

Salud

La presencia de un trastorno mental, incluyendo las adicciones con o sin sustancia (alcoholismo, drogas y ludopatía), constituyen otro factor de riesgo. Dado que a esto le dedicaremos más espacio en el siguiente capítulo, aquí te contaré que la pérdida de salud física es un factor de riesgo de peso frente al desarrollo de experiencias suicidas, especialmente aquellas que produzcan discapacidad, dolor crónico o pérdida de autonomía. Algunas de las enfermedades crónicas con mayor riesgo son el SIDA, las enfermedades renales que requieran diálisis, y las enfermedades neurológicas como la esclerosis múltiple, la enfermedad de Huntington o la epilepsia. Consideremos que el desarrollo de una experiencia suicida en personas con enfermedades físicas crónicas puede suceder porque el sufrimiento físico prolongado puede causar sufrimiento psicológico como depresión, ansiedad o insomnio, por lo que, una vez más, queda clara la pluralidad de factores que pueden afectar a una persona para el desarrollo de experiencias suicidas.

Factores psicológicos y emocionales

La desesperanza parece ser otro de los factores de mayor riesgo. Sentir que el sufrimiento que uno padece no tiene salida o que no hay posibilidad de cambio hace mucho más probable que alguien realice una tentativa suicida que si, en cambio, siente que todavía hay algo que pueda hacer para mejorar su situación. Recuerda que la persona con experiencia suicida no quiere morir: quiere vivir sin el sufrimiento que tiene, y no ve otra salida posible. Esto está relacionado con otro factor psicológico, como es la poca capacidad para resolver problemas o enfrentarse a dificultades; no tener las habilidades necesarias para afrontar las situaciones inesperadas, estresantes, social o emocionalmente complejas, hace que una persona se sienta incapaz de superar un problema y, por tanto, puede sentirse desesperanzada y atrapada. Más adelante te explico lo que es el *locus de control* y por qué es importante en estas circunstancias. Finalmente, el poco autocontrol sobre los propios pensamientos, actos o emociones es otro factor de riesgo que debemos considerar.

Sentimiento de no encajar o de no pertenencia

No sabría decirte qué es más doloroso: si estar solo y sentirse solo, o estar acompañado rodeado de gente y sentirse solo. Los humanos somos animales sociales, necesitamos un grupo de iguales al que pertenecer para sentirnos seguros, protegidos. Necesitamos sentir que formamos parte de algo más grande, que somos individuos significativos de ese grupo que nos importa. Este dolor puede sentirse habitualmente en clase, pero también en la familia, el trabajo, el grupo de amistades, el equipo en el que se juega y tantos otros escenarios. ¿Alguna vez has estado en una situación en la que sentías que no pintabas nada, que no tenías nada en común con las otras personas con las que estabas o que no tenías nada que aportar? Sentirse así de desvinculado es terrible y puede disparar emociones dolorosas como la soledad, la vergüenza, el miedo, la pena o la incomprensión. Este factor está relacionado con el acoso escolar, el aislamiento y la falta de apoyo social.

Sentirse una carga

Ocurre sobre todo para las familias, personas allegadas y seres queridos. Esto hace que una persona con experiencia suicida tenga pensamientos como «Estarán mejor sin mí, soy una molestia, así descansarán, ya no molestaré más». No es que no quiera a esas personas: es que las quiere tanto que no quiere hacerles sufrir, y piensa que en ese momento es un estorbo, por lo que cree que, quitándose de en medio, les quita un peso de encima. Más adelante en este capítulo desarrollaré este sentimiento.

Impulsividad

Vivimos en una sociedad digital en la que parece que hay que «vivir el momento» y «mejor pedir perdón que pedir permiso», pero sin embargo, actuar sin pensar puede tener consecuencias muy graves. Cuando una persona tiene dificultades para sopesar una decisión y pensar en las consecuencias puede encontrarse con problemas para consigo misma o con los demás. Dejarse llevar por las emociones o por un pensamiento sin sopesarlo puede suceder cuando hay un diagnóstico de ansiedad, de trastorno límite de la personalidad, de ludopatía o de la conducta alimentaria, supone un riesgo para actuar impulsivamente, como es autolesionarse o protagonizar un intento suicida. Esto también está muy relacionado con el autocontrol y la capacidad de afrontar situaciones difíciles.

Acceso a métodos letales

Evidentemente, tener «a mano» medios con los que cometer un acto suicida es un factor de riesgo. Puede ser tener acceso a armas (cazadores o miembros de las fuerzas y cuerpos de seguridad del Estado), veneno o pesticidas (especialmente en entorno agrícola), o la facilidad para acumular medicamentos, propios o ajenos, con los que ingerir una sobredosis. Hablaremos de ello en los siguientes capítulos, ayudando a la persona a restringir el acceso a los mismos y ponerse a salvo.

Eventos traumáticos

Incluyendo el maltrato psicológico o emocional y el abuso sexual. Sobrevivir a una situación traumática deja secuelas emocionales de por vida. Algunos de los eventos traumáticos que suponen un riesgo para el desarrollo de experiencias suicidas son el maltrato físico y psicológico, el abuso sexual y situaciones en las que haya estado en peligro la vida propia o de otra persona, como el maltrato de género. Otros eventos vitales estresantes pueden suponer un aumento del riesgo, como son cambios de rol y pérdidas personales o sociales, duelos o complicaciones en el cambio de etapa vital.

Familiares

Que otros miembros de la familia pasaran por una experiencia suicida o que fallecieran por suicidio es un factor de riesgo que debemos tener en cuenta. En ocasiones se habla de la «heredabilidad del suicido» cuando esto sucede, y sin embargo es un término equivocado. El suicidio no se hereda como el color de los ojos, pero, como veíamos con anterioridad, sí pueden heredarse elementos que influyan en la experiencia suicida, como es la presencia de un trastorno mental. Perder a un familiar por suicidio genera un sufrimiento agudo que puede desencadenar en un trastorno mental, generalmente afectivo o ansioso. Deja una profunda huella que marca la historia familiar, con el estigma asociado que suele conllevar y las complicaciones en el duelo que eso supone. El ambiente familiar y cómo sean las relaciones entre los miembros también afecta al riesgo suicida: si una persona no percibe que su familia le apoye, comprenda o respeta, o si se dan situaciones de violencia, maltrato o abandono familiar, existirá un mayor riesgo de experiencia suicida. Perder el contacto con los hijos (por ejemplo, porque se produzca una separación y el cónyuge no permita visitas o se muden lejos) es un factor de muy alto riesgo, dado que el sufrimiento por la separación puede generar ansiedad, desesperanza y otras emociones dolorosas para el progenitor que no pueda ver a sus hijos.

Pérdida de un ser querido

Ya sea por fallecimiento de un ser querido o porque se produzca una ruptura en la relación con una persona significativa, perder a alguien que nos importa es un factor estresante que incrementa el riesgo de suicidio. Ambos procesos requieren de un tiempo de duelo en el que la expresión de las emociones y la necesidad de apoyo son claves para superar la pérdida. Sin embargo, la supresión de los sentimientos, la mala gestión emocional o el aislamiento suelen intensificar el sufrimiento, pudiendo desembocar en lo que los profesionales llaman «duelo complejo». Hay variables que pueden complicar el duelo, como son las condiciones en las que haya sido la pérdida: si ha sido inesperada o se han dado condiciones traumáticas, es más probable que el duelo sea más complicado de realizar y mayor necesidad de apoyo social y profesional tendrá la persona doliente.

Dificultades sociales

Todo tipo de sufrimiento social deja a cualquier persona en situación de vulnerabilidad, especialmente cuando se ven comprometidos sus derechos y su bienestar físico o mental, así que cuando hay problemas en la vida social de la persona, el riesgo de suicidio aumenta. Estos problemas pueden ser principalmente de dos tipos: por aislamiento o por acoso. Los problemas de aislamiento social hacen referencia a la falta de red de apoyo social, ya sea en un entorno afectivo, de amistades, familiar o escolar/laboral, lo que genera una soledad sentida difícil de gestionar y con el sentimiento de pertenencia mencionado anteriormente. Si además la persona tiene dificultades para confiar en los demás, miedo al abandono, problemas para comunicarse o unas habilidades sociales pobres, esto hace que sea menos probable la búsqueda de apoyo ante dificultades. Diversos estudios demuestran que la población de mayor vulnerabilidad son hombres de mediana edad que viven solos y carecen de red social o apoyo familiar. Las situaciones de acoso como son el *bullying* en el entorno escolar y el *mobbing* en el entorno laboral suponen un riesgo incrementado para la aparición de experiencia suicida, pues dejan a la víctima en un sentimiento de atrapamiento e indefensión con el que es difícil lidiar. Otras formas de victimización son la marginación social, la persecución por pertenecer a una minoría, como inmigración o la religiosidad, o por ser población de especial riesgo, como sucede con el sinhogarismo. Nuestro apoyo es especialmente importante para quienes se encuentran con cualquier tipo de dificultad social: romper esa soledad, generar vínculos y fomentar espacios donde una persona se pueda sentir segura puede ser una fuente de apoyo para muchas personas.

pues en esos cuarenta minutos debía recordarle a la profesional quién era, cuál era su problema y qué habían trabajado antes, y después cada profesional le mandaba hacer un autorregistro (me cuenta además que las citas eran tan breves que alguna vez tuvo que buscar en internet cómo hacerlo porque no tenía tiempo en la cita de preguntar). En la siguiente visita, si era la misma psicóloga le refrescaba la memoria y apenas daba tiempo a revisar el autorregistro; si era otra psicóloga nueva, vuelta a empezar. Los autorregistros son un recurso muy utilizado en el contexto terapéutico porque dan información a la persona y al profesional relativa al problema; claro, cuando este registro solo sirve para «dejar constancia de lo jodido que estás, pero no te ayudan luego a ver qué hacer con ello», según su testimonio, así que ese registro solo le hacía más daño cada semana que lo repasaba. Decidió dejar de ir a las psicólogas de la sanidad pública porque efectivamente sentía que era peor que no ir, y me contaba con rabia que lo que le prometieron que tenía solución fácil, diez años después sigue casi en el mismo punto de partida. En un vistazo...

Individuales	Antecedentes personales de experiencia suicida
	Factores sociodemográficos
	Salud
	Factores psicológicos y emocionales
	Sentimiento de no encajar o de no pertenencia
	Sentirse una carga
	Impulsividad
	Acceso a métodos letales
	Eventos traumáticos
Sociofamiliares	Familiares
	Pérdida de un ser querido
	Dificultades sociales
Contextuales	Situación socioeconómica
	Estar en el sistema criminal o un proceso judicial
	Medio urbano
	Dificultad de acceso a los servicios de salud mental

FACTORES DE PROTECCIÓN

Así como los factores de riesgo son aquellos que aumentan la probabilidad de que aparezca la experiencia suicida, los factores de protección son aquellos que disminuyen esta probabilidad. Como su propio nombre indica, protegen a la persona frente a la experiencia suicida, por lo tanto, cuantos más factores de protección tenga una persona, cuanto más se fortalezcan y más se promuevan, más eficaz será la prevención del suicidio. Nuestra misión entonces es disminuir y tener a raya los factores de riesgo, por un lado, y por otro lado fomentar y mantener los factores de protección. Podemos identificar dos grandes tipos de factores de protección: los internos, aquellos que son propios de una persona, y los externos, aquellos que están relacionados con su entorno familiar, social y contextual.

Internos

A estas alturas seguro que ya sabes lo importante que es tener una buena autoestima, lo que implica tener confianza en uno mismo, en los demás, en su propia situación y en los logros obtenidos. Tener actitudes y valores positivos como la solidaridad, la cooperación o la igualdad pueden mejorar el concepto de uno mismo. La actitud optimista, además, ayuda a estructurar razones para vivir y generar esperanza en las capacidades de uno mismo y del futuro. Ser una persona reflexiva, con autocontrol, capaz de pensar antes de actuar, de relativizar, de organizarse y de afrontar eficazmente las dificultades empodera enormemente. Por supuesto, conocerse a uno mismo, ser consciente de las limitaciones y dificultades propias, así como de las habilidades y virtudes, juega un papel importante a la hora de protegerse frente a una crisis. Aquellas personas capaces de hacer introspección y buscar las herramientas necesarias para afrontarlas tienen más probabilidad de superar situaciones vitales difíciles. Es importante tener buenas habilidades sociales para saber comunicarse de manera eficaz con los demás, para buscar ayuda en los momentos de dificultad y tener los apoyos necesarios para superar situaciones complejas de resolver. Además, ser una persona espiritual y/o participar en una comunidad religiosa también puede proteger frente al suicidio, ya que son escenarios sociales que ofrecen apoyo y nutren el sentido de pertenencia que tanto necesitamos. Cuando una persona es receptiva hacia las experiencias y soluciones de los demás, mejora su capacidad de adaptación, lo que facilita tener una mentalidad más flexible y capaz de aprender de ello, repercutiendo en su resiliencia.

Externos

Uno de los factores de protección más consistentes es tener una buena relación con los padres. Pasar tiempo con la familia, tener una buena comunicación y confianza mutua mejora la estabilidad emocional de una persona. Tener una red social sólida, con buenas amistades y figuras en las que buscar ayuda supone un sistema de apoyo y recursos relevante para afrontar con éxito las dificultades que surjan. Sentirse integrado en la sociedad y participar activamente en ella es una necesidad humana muy importante, ya sea mediante un empleo, el desempeño de un trabajo voluntario o la realización de actividades sociales de diversas características que contribuyan al bienestar psicológico. Finalmente, y como se ha mencionado en los factores de riesgo, la dificultad para acceder a métodos letales y la facilidad para acceder a dispositivos de salud, ya sea en la atención médica o en la salud mental, protegen a una persona de la experiencia suicida o facilitan su afrontamiento.

En un vistazo...

Internos	Alta autoestima (confianza en uno mismo, situación propia y logros)
	Valores, actitudes y creencias positivas
	Autoconocimiento; control, reflexividad y capacidad de afrontamiento
	Habilidades sociales, búsqueda de ayuda
	Receptividad hacia las experiencias y soluciones de otras personas
	Capacidad de adaptación, flexibilidad
	Resiliencia
Externos	Existencia de una red social y familiar apropiada
	Participación e integración social
	Restricción de acceso a métodos letales
	Accesibilidad a dispositivos de salud

FACTORES PRECIPITANTES

Generales

Existen múltiples causas que, presentándose en cualquier momento de la vida, pueden precipitar la aparición de experiencia suicida. Algunas de ellas las has ido leyendo a lo largo de estas páginas, y otras seguro que las puedes intuir. La presencia de un trastorno mental o de sufrimiento psíquico, así como la aparición de un diagnóstico, el empeoramiento o una crisis de una enfermedad incapacitante o dolorosa, son situaciones que pueden situar a alguien al inicio del camino en la experiencia suicida. Además, esto puede afectar de igual manera sea uno mismo quien padezca esta enfermedad o sea una persona cercana a nosotros la que la padezca y su condición nos afecte. Los procesos de duelo también pueden afectar, como la ruptura conyugal, el desengaño amoroso o la pérdida de seres queridos, dentro de la cual se incluye a los animales como parte de la familia y cuyo fallecimiento puede resultar devastador. Cualquier situación en la que una persona sea víctima puede desatar la experiencia suicida: violencia de género, maltrato familiar, agresiones sociales, abusos sexuales, humillaciones, acoso escolar, etc. Existen acontecimientos vitales y eventos traumáticos que pueden resultar tremendamente estresantes y requerir un proceso de duelo, como la pérdida de un empleo o la migración. El rechazo hacia la propia identidad de género u orientación sexual, y el rechazo percibido por estas razones son factores que pueden afectar en cualquier momento de la vida de una persona perteneciente al colectivo LGTBIQ+. El inicio o aumento en el consumo de tóxicos, así como la embriaguez, ilustra el factor de riesgo de dificultad en la gestión emocional y otros factores psicológicos asociados; el factor de riesgo de dificultades familiares o sociales puede precipitarse tras una disputa o conflicto grave. Encontrarse en un proceso judicial es un factor de riesgo. El estrés asociado a comenzar dicho proceso y todo el tiempo que conlleve, así como la resolución del juicio y la condena impuesta, pueden desencadenar la experiencia suicida. Otra situación que puede generar gran sufrimiento es un embarazo no deseado o sufrir un aborto. Finalmente, entre los efectos secundarios de algunos medicamentos se pueden dar efectos suicidógenos, especialmente en los antidepresivos, y tras recibir el alta de una hospitalización psiquiátrica el riesgo aumenta en los primeros días: en ambos casos puede suceder que la persona se sienta determinada a acabar con su vida por el sufrimiento psíquico que mencionaba al principio.

Específicos de la adolescencia

La adolescencia es una etapa vital emocionalmente compleja, y cuando aparecen ciertos sucesos estresantes puede precipitar la experiencia suicida entre la población más joven. Por ejemplo, el debut de la sexualidad, el descubrimiento de la orientación sexual o de género y la no aceptación de ello supone un sufrimiento especial para los y las adolescentes. Los problemas académicos suponen un estrés específico de la juventud: el fracaso escolar, la presión percibida por los progenitores o profesorado, los periodos de exámenes y los problemas disciplinarios. Cambiar con frecuencia de lugar de residencia y de entorno social dificulta la adaptación y estabilización a los cambios e interferir en el sentido de pertenencia o el establecimiento de red de apoyo. La separación de los padres también puede precipitar la aparición de experiencia suicida, especialmente cuando hay conflictos conyugales graves o se hace una instrumentalización o alienación de los hijos e hijas.

Específicos de la adultez

Como veremos en el siguiente capítulo, el ámbito laboral es una fuente de estrés o de satisfacción en la edad adulta, por lo que en esta etapa las dificultades en esta área son especialmente relevantes. El fracaso profesional, los problemas económicos o la pérdida del empleo y la pérdida de estatus o prestigio social, con el duelo que todo ello puede conllevar, afecta notablemente a la población adulta, sobre todo durante el primer año de desempleo. Puede suceder también en la jubilación, ya que supone una pérdida de rol y un cambio de vida que no siempre es bien recibido.

Específicos de la vejez

En general en esta etapa lo que más afecta son aquellas cuestiones en las que se dé una pérdida de salud, de calidad de vida o de independencia, como sucede con la aparición o empeoramiento de enfermedades, la pérdida de funciones físicas o psicológicas básicas y el aumento general de la dependencia. En la intervención profesional, afecta que ocurra un fracaso, desahucio o hastío terapéutico. El lugar de residencia también puede facilitar el comienzo de la experiencia suicida, afectando notablemente verse institucionalizada en una residencia o bien sufrir cambios periódicos entre el domicilio propio o de las personas que la cuidarán. El primer año de viudedad supone una vulnerabilidad especial, así como la pérdida de la fe.

En un vistazo...

Generales		Presencia de un trastorno mental/sufrimiento psíquico
		Diagnóstico, empeoramiento o crisis de enfermedades incapacitantes o dolorosas (propias o ajenas)
		Pérdida de seres queridos (incluidos animales de compañía), desengaño amoroso, ruptura conyugal
		Violencia de género
		Victimización: agresiones, maltrato, acoso y humillaciones, abusos sexuales, etc.
		Acontecimientos vitales estresantes, eventos traumáticos y otros duelos
		No aceptación de la orientación sexual o de género
		Disputas, conflictos con personas cercanas
		Inicio o aumento en el consumo de tóxicos
		Estado de embriaguez o intoxicación
		Imputaciones o condenas judiciales
		Embarazo no deseado o aborto
		Efectos secundarios suicidógenos de medicaciones
		Alta por hospitalización psiquiátrica
Específicos de cada etapa vital	**Adolescencia**	Descubrimiento o no aceptación de la orientación sexual o de género
		Fracaso escolar, problemas disciplinarios escolares, presión escolar, periodos de exámenes
		Cambios habituales de residencia y de entorno social
		Separación de los padres o graves conflictos conyugales, instrumentalización del hijo
	Adultez	Fracaso profesional
		Pérdida de empleo, dificultades económicas
		Pérdida de estatus o prestigio social
		Jubilación
	Vejez	Empeoramiento de enfermedades, aumento del dolor, fracaso, desahucio, o hastío terapéutico, aumento de la dependencia
		Pérdida de funciones físicas o psicológicas básicas
		Institucionalización
		Cambio periódico de domicilios finales
		Viudedad
		Pérdida de la fe

✐ CONECTA: ¿cuáles son tus factores influyentes? Ya que todos somos susceptibles de encontrarnos en una situación que nos lleve a la experiencia suicida, ser conscientes de ello y localizarlo nos ayudará a conocernos mejor y a conectar con la experiencia suicida de otras personas. Te propongo hacer el siguiente ejercicio de empatía: te invito a localizar tus factores de protección, de riesgo y precipitantes, y escribirlos en la siguiente tarjeta.

MIS FACTORES INFLUYENTES

Protección	Riesgo
✓	⊙
✓	⊙
✓	⊙
✓	⊙
✓	⊙
✓	⊙
✓	⊙
✓	⊙
✓	⊙
✓	⊙

Precipitantes: ¿qué situaciones me pueden hacer sentir vulnerable?

_____

_____

_____.

SEÑALES DE ALERTA

Verbales

Puede expresar de manera explícita o implícita ideas y emociones sobre sí mismo como vergüenza, impotencia, sentimientos de no valía, de ser un estorbo o una carga, temer hacer daño a los demás, sentir odio hacia uno mismo o culpa. Pueden ser verbalizaciones como «No sirvo para nada», «Estaríais mejor sin mí», «Soy inútil», «No quiero luchar más», «La vida es un asco», «No tengo solución». También pueden ser emociones o pensamientos referidos a su futuro como el malestar general, hartazgo, hastío, sentir que no tiene solución, agotamiento emocional, desesperanza y desesperación. En este caso la persona puede hacer afirmaciones como «Quiero dejar de sufrir», «Esto no va a cambiar nunca, «Creo que no hay una salida», «Estoy desesperado», «Necesito que esto se acabe ya», «Siento que esto no tiene ninguna solución». Finalmente, la persona puede hablar sobre su muerte o suicidio de forma que lo perciba como una forma de liberación o de huida, que encuentre la manera de resolver la situación que le hace sufrir, o que exprese gratitud a la gente cercana como una manera de despedirse. Pueden ser frases como «He encontrado la manera de descansar», «Me pregunto cómo sería la vida si me muriera», «No merece la pena vivir», «Te agradezco todo lo que has hecho por mí, voy a quitarme de en medio».

No verbales

Existen múltiples señales que podemos observar, y captar una o varias debe servirnos de advertencia para considerar que la persona puede estar en un riesgo inminente de realizar un acto suicida. Algunas de estas señales las componen factores precipitantes, como el agravamiento de una enfermedad física o mental, inicio o cambio en el consumo de tóxicos o alcohol, cambios en las rutinas (sobre todo sueño, comida y apetito sexual), descuido de la imagen, apariencia, vestimenta o higiene personal, aislamiento y desinterés generalizado, incluido hacia su trabajo, aficiones o allegados. Podemos apreciar que la persona es indiferente ante halagos o actividades que antes disfrutaba, o que comienza a realizar temeridades como asumir riesgos innecesarios, infracción de normas, discusiones frecuentes o despilfarro de dinero de manera injustificada o desproporcionada. Cualquier cambio en el humor de la persona debe alertarnos de peligro pues, aunque con frecuencia puede aparecer agresividad o una actitud desafiante, que aparezca una alegría o tranquilidad de manera repentina e inusual son señales de que la persona ha tomado una decisión suicida y eso le da calma. Esto a su vez puede traducirse en arreglo de papeleos, ajustes burocráticos o testamento, y rituales de despedida como regalar pertenencias valiosas (animales incluidos), visitas inesperadas o escribir notas de despedida. Si además adquiere medios letales para llevar a cabo su plan suicida (acumulación de fármacos o compra de armas o herramientas), debemos actuar inmediatamente.

La presencia de una o más de estas señales debe hacer saltar nuestras alarmas. Incluso si crees que es una llamada de atención, cualquier signo que nos haga sospechar un riesgo inminente debe ser tomado en consideración y actuar de manera rápida y eficaz con las herramientas que veremos en el capítulo 6. En un vistazo...

Verbales	Sobre sí mismo
	Sobre su futuro
	Sobre su muerte o suicidio
No verbales	Agravamiento de una enfermedad física o mental
	Inicio o cambio en consumo de tóxicos/alcohol
	Cambios de horario o forma de vida
	Aislamiento, anhedonia
	Acciones temerarias, discusiones, despilfarro
	Cambios de humor
	Rituales de despedida
	Acceso a medios letales

LA IMPORTANCIA DEL CONTROL

Sentir que tenemos el control sobre nuestra vida y sobre los sucesos que ocurren a nuestro alrededor es importante para nuestro bienestar. Cuando asumimos que tenemos las riendas de nuestra vida somos más activos, nos sentimos responsables y tenemos una alta confianza en nosotros mismos y nuestras capacidades. Sin embargo, si creemos que no podemos influir en lo que ocurre en nuestra vida porque escape a nuestro control nos deja en una posición de pasividad en la que no haremos grandes esfuerzos para lograr un cambio, ya que depende de un agente externo. Mi madre no lo sabe, pero ilustraba claramente esta diferencia cuando en mi época de estudiante de secundaria le llevaba alguna asignatura suspensa: «A ti no te han suspendido el examen, Paula, lo has suspendido tú». ¡Y cuánta razón tenía! Aunque no me gustase reconocerlo, aquellos «cates» eran míos, como lo eran los sobresalientes. Ser responsable de los logros propios es tan importante como serlo de los errores, y la motivación tiene un papel importante en la manera en la que afrontamos lo que nos sucede.

El *locus de control* es esta atribución que hacemos de lo que sucede en nuestra vida, de la capacidad de actuación que tenemos, y del grado de control que tenemos tanto en las situaciones cotidianas como en las situaciones novedosas, retadoras o peligrosas. Podemos imaginarlo como una línea con dos polos opuestos, y dónde nos ubiquemos indica el grado de control que tenemos sobre lo que nos ocurre.

En uno de los polos está el **locus de control interno.** Una persona que se sitúa en este polo percibe que su comportamiento puede influir en el entorno, atribuye a sus decisiones y capacidades el curso de su vida. Es capaz de actuar para cambiar aquello que no le gusta y de organizarse, esforzarse y orientarse en lograr los objetivos que se proponga. Las dificultades las percibe como retos y oportunidades, dado que tiene gran confianza en sí misma. Se siente libre de actuar, evalúa las consecuencias de sus actos y asume responsabilidades. Suelen ser personas independientes y poco influenciables por la opinión ajena.

En el otro polo está el **locus de control externo**. Una persona que se sitúa en este polo percibe que son las fuerzas externas quienes influyen en el curso de su vida: Dios, la suerte, el azar, el karma o, sencillamente, los demás. Los eventos que suceden en su vida no dependen de su comportamiento, su esfuerzo o sus capacidades. Cuando alguien no se atribuye el control de su vida es menos probable que se esfuerce en cambiar sus circunstancias actuales, pues piensa que el cambio no depende de ella ni de lo que haga, sino de estos elementos externos. Esto puede dejarla en una posición de pasividad, pues sentirse «esclava del destino», de la voluntad de Dios o depender de lo que hagan los demás hace que no se sienta capaz de alcanzar metas por sus propios méritos o de afrontar las dificultades, que a su vez percibe como adversidades en lugar de como retos. Generalmente el éxito se debe a la suerte o no tiene mérito, pueden sentirse desesperanzadas con facilidad y suelen depender de los demás. Todo ello afecta negativamente a su bienestar, autonomía y autopercepción.

El locus de control externo puede facilitar la aparición de sufrimiento psíquico y experiencia suicida, aunque puede suceder al contrario: atravesar una etapa muy difícil en la que aparezca experiencia suicida puede posicionar en el polo opuesto a quien se suele situar en el locus de control interno. Puede ocurrir a la inversa: que la persona con locus de control interno tenga mayor resiliencia, capacidad de adaptación, habilidades de afrontamiento y múltiples factores de protección frente a la experiencia suicida, o superación de la misma. Aunque el locus de control es un rasgo de la personalidad y habitualmente es estable, puede modificarse con mucho trabajo personal, autoobservación, conocimiento de las propias virtudes y dificultades, y apoyo social y profesional.

Al igual que con las emociones, uno no decide lo que siente o lo que le sucede, pero sí puede decidir qué hacer con ello o cómo afrontarlo. Evidentemente no todo lo que nos sucede es a consecuencia de nuestros actos, en la vida se dan muchas circunstancias que escapan a nuestro control. A veces nos sentimos culpables de algo que ha ocurrido y sobre lo que objetivamente no podíamos actuar o, por el contrario, nos sentimos incapaces de hacer un cambio que sí está a nuestro alcance, jugándonos una mala pasada la percepción de las propias capacidades u oportunidades. ¡Seguro que alguna vez te has sentido incapaz de hacer algo que luego sí lograste hacer! Y puede que en ese momento lo atribuyeras a un golpe de suerte, o te dieras cuenta de que sí podías lograrlo y te sorprendiste a ti mismo.

Esto está conectado con la CAPACIDAD DE ADAPTACIÓN al entorno y a los imprevistos, y con la flexibilidad o la rigidez cognitiva, que permiten o entorpecen esta facilidad.

Imagina la siguiente situación: llevas mucho tiempo planificando una escapada de fin de semana a la playa y, cuando llegas a tu deseado destino, resulta que se esperan tres días de frío y posibles lluvias. La meteorología está fuera de tu control, en tu locus de control externo, así que parece que tienes dos opciones: o te quedas chafado en el alojamiento y en tu recuerdo esto quedará con un matiz de resignación, o buscas planes alternativos en la zona para disfrutar de ese finde y recordarlo con positividad. Esa capacidad de adaptarte al imprevisto y encontrar otros planes superando la frustración es parte del locus de control interno.

TRES AUTORES PARA COMPRENDER MEJOR LA EXPERIENCIA SUICIDA

Aaron T. Beck: modelo de la depresión

Como veremos en el siguiente capítulo, la depresión es un trastorno del estado de ánimo que genera gran malestar a la persona que lo padece, interfiriendo en todas las áreas vitales. En los años 70 este psiquiatra estadounidense formuló un modelo sobre la depresión que daba una perspectiva diferente a esta enfermedad: hasta entonces se estudiaba desde el psicoanálisis y desde la psicología conductual, y Beck concibió la depresión como una distorsión en la percepción de la persona que altera su pensamiento, por lo que la intervención se centra fundamentalmente en el abordaje cognitivo. De este modelo explicativo surgió su concepto de la «triada cognitiva», que explica cómo la persona malinterpreta la información sobre sí misma, sobre el mundo que le rodea y sobre el futuro. Su autopercepción alberga sentimientos de inferioridad y baja autoestima, su visión negativa del mundo que le rodea hace que perciba el mundo como un lugar hostil y su pensamiento pesimista del futuro hace que lo perciba como una serie de eventos venideros catastróficos e inevitables, a los que no podrá hacer frente.

Algunas de las distorsiones en el pensamiento que puede tener una persona con depresión son: *abstracción selectiva* (extraer de la situación o contexto un detalle y centrarse solo en él), generalización (a raíz de un hecho aislado, generalizarlo a los demás hechos o situaciones), *maximización/minimización* (distorsionar la magnitud de una situación), personalización (atribuirse fenómenos externos que escapan a mi control), *pensamiento absolutista o dicotómico* (calificar en categorías opuestas), o *inferencia arbitraria* (llegar a una conclusión sin evidencias que la demuestren). Esta distorsión de la realidad y el pensamiento negativo hace que la persona se aísle, que no sienta ningún control sobre su vida y que consecuentemente su estado de ánimo caiga más o se mantenga muy bajo, entrando en una espiral de la que se puede salir haciendo precisamente una intervención sobre esta percepción del mundo y su manera de interpretarlo. Que la persona vuelva a sentir que tiene el control de su vida, que no es inferior y pensar que ni el mundo ni el futuro son tan hostiles como para desbordarla, pues tendrá las herramientas y cualidades para afrontar las dificultades que surjan.

Conocer este modelo nos ayudará a comprender cómo piensa una persona que atraviesa una experiencia suicida ya que, haya o no depresión, las ideas y pensamientos de cualquiera de nosotros pueden verse afectados en temporadas en las que la vida parece hacerse cuesta arriba, cuando podemos empezar a desarrollar la experiencia suicida.

Marsha M. Linehan: terapia dialéctica conductual

Marsha M. Linehan es una reputada psicóloga, investigadora, maestra zen y docente de Estados Unidos. En los años 80 comenzó a desarrollar la terapia dialéctica conductual, que en la actualidad es referente en la intervención para la prevención del suicidio y apoyo para personas con trastorno límite de la personalidad (TLP). Su modelo de terapia bebe de tres fuentes: la terapia conductual, el zen y la filosofía dialéctica. Explicado a grandes rasgos, según el zen nuestra mente y sus percepciones son las que crean la experiencia, y a través de la meditación se puede cambiar el foco de nuestra mente y, por tanto, el pensamiento y la experiencia. De la filosofía dialéctica extrajo el método de conversación: un discurso mediante el cual se plantea una idea y se contrapone con los problemas y contradicciones. El zen y la filosofía dialéctica influyen en el método de cambio de percepción de la realidad y pensamiento de la persona, y la terapia conductual da algunas de las herramientas necesarias para lograr el cambio; Marsha propone, además, una actitud de aceptación absoluta y validación emocional de la persona. Este enfoque comprende el TLP como un problema de regulación emocional que se debe a aspectos biológicos y a que la persona, siendo especialmente sensible, ha crecido en un ambiente que no validaba sino que castigaba, ignoraba o reprimía sus emociones, lo que dificulta que pueda gestionarlas adecuadamente, por lo que las vive con intensidad y le cuesta volver a la calma.

La intervención incluye cinco componentes: terapia individual, entrenamiento grupal en habilidades necesarias para la vida diaria, soporte telefónico, tratamientos auxiliares y un grupo de consulta para los terapeutas para prevenir el «agotamiento clínico» de los profesionales. Esta terapia ha demostrado ser eficaz para la prevención del suicidio y el tratamiento tanto del TLP como de otros trastornos relacionados con dificultades de regulación emocional, depresión, abuso de sustancias, trastornos de la conducta alimentaria y víctimas de violencia de género.

¡Casi se me olvida contarte un detalle! Además de ser la desarrolladora de una de las terapias más eficaces que se ha demostrado empíricamente, Marsha tiene diagnóstico de TLP desde los 18 años. Sintió en su propia piel lo que implica vivir largos ingresos psiquiátricos, el contacto con diversos psiquiatras y profesionales, todo tipo de intervenciones y un largo historial de autolesiones e intentos de suicidio que le hacían tener un pronóstico grave. Esta experiencia en primera persona la inspiró para recuperarse y formarse para, en sus propias palabras, «salir del infierno para rescatar a otras personas en mi misma situación».

Conocer a esta autora nos ayudará a comprender, desde otra perspectiva, a la persona con experiencia suicida, sabiendo que existe una terapia eficaz que infunde esperanza, comprensión, apoyo y empoderamiento para la persona que, como

Marsha, puede tener un pronóstico grave, pero no por ello es un «caso perdido», como se puede pensar.

Thomas E. Joiner: teoría interpersonal del suicidio

En 1990, cuando Thomas Joiner acababa de graduarse como psicólogo, su padre falleció por suicidio. Atravesar el duelo implicó, entre otras cosas, intentar comprender la decisión de su padre, repasar su vida, buscar qué le llevó a ese sufrimiento, comprender qué pensaba y conocer su experiencia suicida. De esta comprensión nació su teoría interpersonal para comprender el pensamiento de las personas que atraviesan la experiencia suicida. Según esta teoría, que una persona desarrolle ideación suicida se debe a tres factores: no tener sentido de pertenencia, sentirse una carga para los demás y adquirir la capacidad de llevar a cabo un acto suicida.

El primer factor, *falta de sentido de pertenencia*, se refiere a la necesidad humana de sentirse aceptado por los demás. Cuando una persona siente que no forma parte de un grupo, o que parte de su identidad social se ha desintegrado, puede desencadenar en una profunda soledad, tanto soledad percibida (siente que no tiene a nadie) como soledad objetiva, consecuencia del aislamiento social. Joiner explica que en su padre esto sucedió al separarse de la compañía en la que trabajaba desde hacía muchos años con un cargo importante, lo que le daba identidad como profesional y como adulto. Al perder ese empleo intentó recuperar ese sentimiento de eficacia, pero aquellos excompañeros a los que consideraba amigos llegaron a ser realmente crueles con él, lo que desencadenó el segundo factor, *sentirse una carga o molestia*. Igual que el factor anterior, este sentimiento se origina por los pensamientos automáticos distorsionados (como explica la teoría de Beck) y ambos factores generan el «deseo suicida». Piensa que no es una persona valiosa, que es inútil, que estorba y que supone un problema para la gente de su alrededor, se siente una carga y piensa que los demás estarían mejor sin ella. Todo esto lleva a la persona a un maltrato hacia sí misma. Este maltrato puede no ser únicamente emocional y pasar a ser un maltrato físico, componiendo el tercer y último factor, *la capacidad adquirida para llevar a cabo un acto suicida*. La persona se expone al dolor autolesionándose, y el dolor repetido hace que sea cada vez menos sensible y pierda miedo al suicidio probando, practicando y mejorando la técnica experimentando distintos métodos de suicidio, según Joiner. Así, la sensibilidad a altas dosis de fármacos, a conductas de riesgo o al daño físico hacen que la persona adquiera habilidad y pueda realizar un acto suicida. Aunque las autolesiones sean diferentes al método que la persona lleva a cabo para intentar suicidarse, esto explica por qué la persona parece haber desarrollado tolerancia a hacerse daño y no temer a la muerte. La combinación de los dos primeros factores explica que aparezcan las autolesiones y esto sirve para que la persona pierda el miedo y desarrolle la capacidad necesaria para suicidarse, traduciéndose todo ello en un riesgo muy alto para que realice un intento suicida letal. Como él mismo afirma en una entrevista con Eduard Punset, tener la intención de suicidarse es algo aterrador, por lo que para poder cometer un suicidio hace falta cierta dosis de temeridad y de tolerancia al dolor físico o incluso a la propia muerte.

Existen muchísimos autores y autoras que buscan comprender la experiencia suicida para explicarla y trabajar para prevenirla, intervenir con ellas y con sus allegados. Estos tres autores son solo una pequeña muestra de ellos, tres personas que dan tres enfoques diferentes a una realidad que afecta a millones de personas en el mundo. Además, aunque los tres son profesionales, cada uno aporta una perspectiva diferente: uno como médico, otra desde su propia experiencia en primera persona, y otro como familiar.

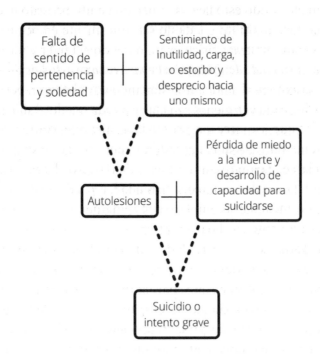

Habilidades necesarias para comprender y ayudar

Ha quedado claro que cualquier persona puede ser un agente de cambio, ¿pero qué habilidades se necesitan para ayudar eficazmente a una persona? Motivación, curiosidad, habilidades sociales, autoconocimiento, inteligencia inter- e intrapersonal, empatía, habilidades de comunicación, capacidad de escucha... Ya que son muchísimas, acabaremos este capítulo hablando de estas tres últimas, pues son los pilares para tener la predisposición, saber escuchar, comprender y saber qué responder.

Uno de los tópicos que más escuchamos los psicoterapeutas es que, cuando conocemos a alguien y le decimos nuestra profesión, su respuesta suele ser «Ah, yo podría ser psicólogo, se me da bien escuchar». Cualquiera con capacidad auditiva sabe escuchar, pero no cualquiera con esa capacidad puede ser psicólogo (y mucho menos, ¡un buena psicólogo!). No hace falta «tener madera» para poder ayudar: con querer hacerlo, basta. La empatía, la escucha activa y la asertividad no son habilidades con las que «se nace y no se hacen», sino que, como habilidades que son, pueden aprenderse, entrenarse, mejorarse y potenciarse. Los humanos nacemos con estas habilidades «preinstaladas» y las desarrollamos a lo largo de nuestra vida en mayor o menor grado dependiendo de nuestra personalidad y del ambiente en el que crezcamos.

La **empatía** es la capacidad de ponerse en el lugar de otra persona para comprender su vida emocional, entender su situación y los sentimientos y reacciones que ello le generan. Habitualmente creemos que la empatía es aconsejar a otra persona para resolver un problema, o *qué haría si yo fuera tú, qué pensaría si yo estuviera en tu situación*; esto, lejos de mostrar empatía, invalida la experiencia emocional de la persona con la que hablamos, pues no nos ponemos en su lugar ni escuchamos sus emociones para comprenderlas, sino que le estamos transmitiendo que no es capaz de solucionar una situación porque lo hace mal y nosotros le vamos a decir lo que tiene que hacer, porque le vamos a decir qué haríamos si estuviésemos en su situación. ¿Alguna vez te ha pasado que le has contado a alguien alguna preocupación o algo que te ilusionaba, y no te has sentido escuchada, respaldada o validada? Esta falta de comprensión genera rechazo, por lo que la empatía implica poder diferenciar las emociones de nuestro interlocutor, y de darle a entender que efectivamente le escuchamos y comprendemos. Además, esto no supone compartir opinión con el otro, ni que pensemos igual; podemos estar en desacuerdo con una persona y sin embargo comprender empáticamente lo que piensa, dice y hace, así que la empatía enriquece nuestro mundo social permitiéndonos establecer relaciones basadas en el respeto y la confianza. Ser empático no significa ser simpático: alguien no tiene que caerte bien para que le comprendas y respetes, así que la empatía también tiene un componente de tolerancia, entendiendo que cada persona es un mundo y tiene necesidades, experiencias y reacciones diferentes, y sabiendo tratar a cada persona acorde a sus características individuales.

La empatía, a su vez, requiere capacidad de **escucha activa**, lo que implica prestar atención al contenido del interlocutor, tanto a lo que dice como a lo que no dice, a cómo lo dice, al tono de voz, la expresión facial, el lenguaje corporal... Implica escuchar activamente el lenguaje verbal y no verbal, reflexionar sobre ello e interesarse por saber más, por lo que cuando escuchamos activamente no interrumpimos a la otra persona y le damos a entender que estamos «sintonizados». Para que la persona con la que hablamos sepa que le escuchamos le damos respuestas de seguimiento como asentir con la cabeza, mantener contacto visual, dar pequeñas señales verbales («ahá», «entiendo», «sí», «¿de verdad?», «vaya...»), de vez en cuando hacemos un resumen de lo que nos ha contado para asegurarnos de haberlo entendido y formulamos preguntas, dando a entender que nos interesa y queremos seguir escuchando. Esta devolución que le hacemos a la persona hace que se sienta escuchada y apoyada, lo que facilita que se sienta cómoda y en confianza de poder seguir contando, incluso cuando lo que quiere contar le resulte complicado, como hablar por primera vez de su ideación suicida. La escucha activa crea un clima capaz de aliviar la soledad que, como hemos visto, tanto daño hace a la persona que se encuentra en algún punto del camino de la experiencia suicida. A veces no necesitamos respuestas ni soluciones: sentirnos escuchados y respetados puede suponer una descarga, una «ventilación emocional» gracias a la cual se pueden gestionar mejor los pensamientos y sentimientos propios.

Tan importante es saber escuchar y comprender como saber después qué hacer con esta información y cómo responder ante ello, entrando en juego la **comunicación asertiva**. La asertividad es la capacidad de expresar nuestros pensamientos, sentimientos, opiniones y decisiones de manera firme, respetando los derechos de los demás sin dejar de respetar los de uno mismo. Imagina la comunicación como un continuo donde en un extremo está el estilo de comunicación pasivo y en el otro extremo se encuentra el estilo agresivo. Como habrás imaginado, la asertividad está en el centro, por lo que la persona asertiva no busca imponerse sobre la otra persona ni deja que alguien se le imponga, sino que busca llegar siempre a un acuerdo en el que ambas partes salgan beneficiadas.

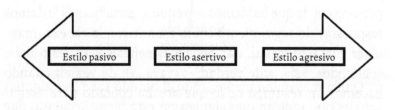

Cuando nos comunicamos de manera pasiva lo hacemos como «de puntillas», queriendo no molestar o recibir algún daño y, a veces, incluso no comunicando. Cuando comunicamos de manera agresiva no validamos las emociones, pensamientos, opiniones y decisiones de los demás, lo que hace que la otra persona no se sienta escuchada o respetada. Sin embargo, cuando comunicamos asertivamente estamos haciendo valer el mundo interno, necesidades y deseos de la persona con la que hablamos y nuestro propio mundo interno, necesidades y deseos. Esto incluye la comunicación no verbal y el lenguaje corporal: seguro que puedes imaginar ahora mismo cómo «se pone» alguien cuando se enfada: arruga la frente, habla alto, se inclina hacia delante, gesticula de manera brusca con las manos o dice palabrotas. Cuando alguien teme expresarse o está nervioso no mantiene el contacto visual, habla en un tono de voz bajo, tal vez se agarre las manos o su cuerpo parezca estar preparado para irse o recibir una regañina.

Quien más quien menos, todo el mundo sabe leer algunas señales que indican que alguien no está bien. Recuerdo que una vez, cuando tenía 16 años, estaba en el metro volviendo a mi casa de una cita con quien pasó de ser mi primer noviete a ser mi primer ex. Me rompió el corazón ¡y a los 16, con las emociones siempre a flor de piel, eso es muy doloroso! Recuerdo llorar sentada en un vagón lleno de gente y, sin embargo, sentirme absolutamente sola... hasta que un hombre se sentó a mi lado, me preguntó si estaba bien y me regaló unos *kleenex*. No debía de estar muy comunicativa porque no recuerdo conversar mucho con él más allá de un «gracias» por mi parte y, por la suya, unas palabras de ánimo acompañadas de una mano que, apoyada en mi hombro, me apoyaba efectivamente, y se marchó. En ese momento un perfecto desconocido leyó mis señales, y en lugar de dejarlo pasar, decidió hacer algo y se acercó a mí para que me sintiera un poco menos sola y un poco más comprendida. Nunca podré decirle a ese hombre que todavía lo recuerdo con cariño y agradecimiento.

Hace unos meses se cambiaron las tornas cuando volvía del trabajo en el tren como de costumbre. Iba enfrascada en un libro, y al rato me pareció oír que alguien lloraba. Levanté la vista y vi a una chica viendo una serie en su móvil, así que imaginé que estaría viendo una escena triste y seguí a mi lectura. Esa chica se bajó en la siguiente parada, pero yo seguía oyendo sollozar a alguien. Volví a levantar la vista y vi a una chica y un chico, supuse que uno de los dos sería el protagonista de aquella pena, así que una vez más, volví a lo mío... y una vez más, mis sospechosos se bajaron en la siguiente parada pero los sollozos continuaron. Apenas quedaba gente en el tren y llegábamos al final de trayecto: pensé que si había una persona que llevaba treinta minutos llorando sola en el transporte público debía de sentirse realmente mal y realmente sola, así que me levanté y busqué el origen de la tristeza que captaban mis «sentidos de psicóloga». Me encontré con un muchacho que ni llevaba cascos, ni miraba su móvil, ni leía, ni nada: solo miraba por la ventana y lloraba. Le pregunté si podía sentarme con él, y mientras me miraba con cara de no entender nada, le ofrecí un *kleenex* y pregunté si podía ayudarle. Su cara pasó del desconcierto a la sorpresa y entablamos conversación. Como yo muchos años atrás, venía de una cita que no salió como esperaba: también habían roto su corazón adolescente por primera vez. Lo escuché muy atenta a sus palabras, a su tono de voz, a su expresión corporal y a una mirada que transmitía una gran tristeza. Conecté con sus emociones, con su pasado y con su necesidad de acompañamiento y consuelo. Después de una hora la visión de su futuro y sus capacidades tenían otra tonalidad, y aunque quedaban muchas cosas por resolver (¡nadie resuelve en un rato todos sus problemas!), decidió comprometerse con la psicoterapia que estaba haciendo de manera intermitente con su psicóloga, con su progreso personal, con su proyección académica, con sus autocuidados emocionales y consigo mismo. Alberto, si lees esto, fue un placer conocerte: deseo que logres tus sueños y me recuerdes con el mismo cariño con el que yo recuerdo al desconocido del metro.

Conectar con alguien y escuchar (¡en todos los sentidos!) es una capacidad que todo el mundo puede desarrollar: ni el hombre del metro, ni yo, ni tantas personas somos superhéroes, sino personas con empatía y ganas de ayudar. Personas que si ven sufrir a otras personas tienden una mano (o una oreja, o un hombro) para acompañar y ayudar en lugar de pasar de largo. De esta capacidad surgen diversos movimientos de apoyo a nivel individual e incluso a niveles organizativos, como el proyecto «R U OK?» en Australia, que promueve la prevención del suicidio en el ambiente laboral. Y es que, a veces, preguntar de corazón a alguien cómo está, y escuchar sin juzgar, puede cambiarle la vida.

Todo el mundo puede ser un agente de cambio, y para ello hay que querer aprender a escuchar, detectar señales, adquirir las herramientas necesarias, revisarse a uno/a mismo/a, y practicar, practicar, practicar todo lo que aprendas. Con esta guía estás aprendiendo a detectar las señales y adquirir herramientas, a ti te toca ponerlo en práctica en tu entorno una y otra vez hasta generalizar el aprendizaje, hasta que para ti lo habitual sea la actitud empática y la comunicación asertiva te salga con naturalidad. No tienes que ser el/la mejor a la primera: tendrás que hacer consciente lo que falla, lo que haces bien, y practicar mucho. Todas estas habilidades se pueden entrenar y potenciar. Existen muchísimos libros para saber más sobre la empatía, para mejorar nuestras habilidades comunicativas, para ganar confianza en uno mismo o para conocerse mejor. A partir del capítulo 6 veremos cómo estas habilidades nos ayudarán en el manejo de las herramientas que aprenderás para ayudar a una persona con experiencia suicida. Ahora que eres consciente de todo ello, comienza a observar cómo eres tú, cómo reaccionas, piensas y sientes, cómo te comunicas, cómo escuchas y si eres capaz de sintonizar empáticamente con los demás. Puedes incluso llevar un pequeño diario, como un «cuaderno de campo de investigación», donde tomes nota de tus descubrimientos, de tus cambios y avances.

En el siguiente capítulo aprenderás en profundidad cómo afecta la experiencia suicida en función de la edad, y cómo conocer y cuidar la salud mental es un pilar fundamental para comprender lo que sucede en la mente de una persona que atraviesa esta experiencia.

Capítulo 5.
El suicidio según la edad. Cuando la salud mental está en jaque

En el capítulo anterior hemos descubierto todos los factores que influyen en la aparición, protección y precipitación de la experiencia suicida. En este capítulo vamos a profundizar en dos cuestiones clave: la etapa vital en la que se encuentra la persona, y cómo la presencia de un trastorno mental, incluyendo las adicciones, supone un riesgo añadido para desarrollar o precipitar que alguien se cuestione la continuidad de su vida. Conocer y entender estas variables nos ayudará a comprender más y mejor a la persona que tenemos delante. Es evidente que no nos afectan las mismas cosas ni con la misma intensidad cuando tenemos 15 años que cuando tenemos 40 años o con 65 años: los hitos de cada etapa vital determinan las prioridades y necesidades del periodo o momento.

La salud mental, por su parte, es un factor determinante para el bienestar o para el sufrimiento emocional y psicosocial; la pandemia nos lo ha dejado muy claro. Sin embargo, así como el tabú nubla el conocimiento sobre el suicidio, el estigma inunda la vida de las personas cuya salud mental se ha visto truncada, lo que dificulta la aceptación y recuperación tanto de los afectados como de sus familiares y allegados. En las próximas páginas haremos un ágil recorrido sobre algunos de los diagnósticos que, a pesar de su prevalencia, son desconocidos, malentendidos o incomprendidos.

PARTE 1: ETAPAS VITALES

1.1. Infancia y adolescencia

No sé hace cuánto fuiste adolescente (tal vez lo seas ahora), pero igual lo recuerdas como aquellos turbulentos años de inestabilidad emocional en los que las amistades y las preguntas existenciales asaltan la mente de cualquiera: ¿quién soy? ¿Quién quiero ser? ¿Qué quiero? ¿Qué me gusta? Representa una etapa de intenso desarrollo personal de diversos aspectos vitales en la que es característica la búsqueda de la propia identidad, adaptarse a cambios corporales, el aumento de la autonomía y el acercamiento a nuevas situaciones que suponen retos personales y sociales. Todos estos desafíos hacen que en esta etapa sea necesario desarrollar múltiples habilidades que permitan al adolescente afrontarlos con éxito. Estos cambios pueden suponer confusión, estrés, angustia, soledad, dudas, frustración, miedos... añadiendo una carga extra de dificultad a estos años en los que se pretende ser diferente, crecer, ganar independencia, ser uno mismo y pertenecer a un grupo o a un rol. Cuando uno no tiene las herramientas emocionales necesarias para atravesar esta época de la vida aparece el sufrimiento, que representa un factor de riesgo de peso para el desarrollo de experiencia suicida, comenzando por las autolesiones. El desajuste psicosocial del adolescente no solo afecta a su presente, sino también a su futuro.

La Organización Mundial de la Salud estima que anualmente fallecen un millón de personas por suicidio, una cuarta parte de ellas tienen menos de 25 años. Los trastornos que afectan a la salud mental suponen un problema de gran preocupación y la adolescencia es un periodo crítico, pues se estima que la mayoría de estos trastornos se originan en esta etapa. La impulsividad tiene gran relevancia en los suicidios cometidos en menores de 15 años, y por encima de esa edad influyen enormemente las adicciones y la presencia de sufrimiento psíquico. Habitualmente el método empleado en población joven para llevar a cabo un acto suicida es la ingesta de medicamentos, que suelen encontrar en su casa, así como el uso de armas de fuego (sobre todo si tienen acceso a ellas en la familia) y el ahorcamiento.

El Fondo de las Naciones Unidas para la Infancia (UNICEF) es la agencia de la Organización de las Naciones Unidas (ONU) que defiende los derechos y el bienestar de la población mundial menor de edad. Recientemente hicieron una investigación en la que informaron que entre un 10-35 % de la población mundial presenta ideación suicida, y entre el 5-15 % realiza al menos un intento de suicidio. Este informe además afirma que una quinta parte de la población mundial adolescente tiene sufrimiento psíquico. La salud mental de los menores de edad se ve afectada a una edad cada vez más temprana, lo que incrementa la cantidad de personas que requieren de una asistencia especializada e intervención temprana, pues si no se tratan estos problemas, estos tenderán a cronificarse, repercutiendo en el desarrollo del menor y de su familia. La ansiedad y la depresión son los trastornos mentales que más frecuentemente se encuentran a esta edad y que pueden agravar la desadaptación social, cognitiva y emocional.

Todo aquello que afecte a la capacidad de regular sus emociones puede entorpecer que la persona aprenda las habilidades de afrontamiento y resolución de problemas que hemos mencionado anteriormente; concretamente, estas dificultades y la autopercepción de incompetencia para afrontar el estrés están muy relacionadas con el pensamiento e intentos suicidas. Por ejemplo, si ante un problema la persona emplea estrategias de afrontamiento enfocadas en la retirada (evitación del problema, resignación, culparse o criticarse a sí misma) es más probable que desarrolle un trastorno mental. Si por el contrario se enfoca en el problema y no en sus emociones, o si emplea estrategias de aproximación (resolución de problemas, reestructuración cognitiva y reevaluación positiva del conflicto) es menos probable que en el futuro sufra una psicopatología.

Para poder cuidar de la salud mental de las futuras generaciones adultas es importante realizar planes de prevención e intervención, identificando primero los factores que puedan estar influyendo. Lo primero será conocer si el/la adolescente está en algún punto del camino suicida que vimos en el primer capítulo; el malestar emocional puede reflejarse a través de ideación suicida o autolesiones. En la población más joven la autolesión más frecuente es hacerse cortes, método que comienza a realizarse sobre los 12 años y la edad a la que más se realiza es a los 16 años, especialmente en las niñas.

En el capítulo anterior hemos visto factores que afectan por igual en cualquier etapa y factores específicos de la etapa infanto-juvenil. Esos y otros factores implicados son:

Factores de riesgo y precipitantes

1. *Antecedentes personales de suicidio.* Al igual que en población adulta, este es el factor de mayor riesgo para predecir un nuevo intento de suicido. Gran parte de quienes vuelven a intentarlo utiliza el mismo método, y el 30 % lo intenta con un método diferente y de mayor letalidad. Si el método empleado es poco habitual, el riesgo de reincidencia aumenta.

2. *Presencia de un trastorno, psiquiátrico o no.* Las enfermedades físicas son altamente estresantes para un/a menor, especialmente el dolor crónico o enfermedades como la diabetes, la epilepsia o el cáncer. La mayoría de menores de edad tiene un diagnóstico de salud mental cuando realizan un acto suicida, siendo los más frecuentes la depresión, trastorno por déficit de atención e hiperactividad, esquizofrenia, trastorno límite de la personalidad, trastornos de la ansiedad y los tras-

tornos de la conducta alimentaria. Además, el consumo de drogas puede precipitar un intento suicida, especialmente en varones mayores de 15 años; este abuso suele resultar como mecanismo de afrontamiento ante el sufrimiento emocional. Puede inducir a la experiencia suicida dado que oculta (de manera ineficaz) la desesperanza, la impotencia o la sintomatología depresiva.

3. *Factores psicológicos*. Hemos visto que la incapacidad para afrontar adecuadamente las adversidades supone un riesgo para la población general. En menores, otros factores como las distorsiones o la rigidez cognitiva, la impulsividad y las emociones más dolorosas tienen un papel importante para realizar autolesiones o actos suicidas.

4. *Disfunción social*. Tanto el aislamiento como el acoso (siendo la víctima o el acosador) y las dificultades con el grupo de iguales o con parejas, incluso las conductas disruptivas como la actitud retadora u oposicionista, indican una falta de habilidades sociales que ponen a la persona en una situación de vulnerabilidad. El *bullying* es una forma de violencia escolar que se relaciona enormemente con la ideación y conducta suicidas. Recientemente se utiliza el término *bullycidio*, que hace referencia a las víctimas fallecidas por suicidio debido al acoso escolar. Más adelante conoceremos cómo la nueva forma de acoso, el *ciberbullying*, afecta a las víctimas.

5. *Problemas en la familia*. Contrariamente a lo que se puede pensar, ser huérfano de uno o ambos progenitores no parece aumentar el riesgo de experiencia suicida; sin embargo, ser adoptado o vivir apartado de sus progenitores supone un riesgo potencial. Una dinámica familiar que no potencie el apoyo mutuo, el respeto entre sus miembros, el cariño, la estabilidad emocional o la comunicación intrafamiliar eficaz es una fuente de estrés para el menor. Los conflictos familiares como la violencia intrafamiliar, una mala relación entre progenitores o el divorcio hostil pueden suponer factores precipitantes para un acto suicida.

6. *Dificultades escolares*. El fracaso escolar no supone un factor precipitante, pero la presión académica o no cumplir con las

expectativas puede afectar negativamente a la autoestima del adolescente y a su autopercepción como estudiante. Sentirse incapaz o que se decepciona a la familia o al centro escolar son factores sobre los que se puede incidir para prevenir que un joven cometa un acto suicida.

7. *Exposición al suicidio.* Recibir información mal gestionada sobre el suicidio, ya sea a través de medios de comunicación o de casos cercanos, afecta enormemente al menor.

8. *Cambios frecuentes de lugar de residencia.* La migración a diferentes destinos puede dificultar que el menor establezca un grupo social, una rutina, un rol e incluso sus propias raíces e identidad cultural.

Las SEÑALES DE ALARMA en la infancia y adolescencia son diferentes de las que presenta la población adulta. Como vimos, las señales más evidentes son aquellas que hacen ver que la persona piensa constantemente en la muerte o está planificando su suicidio, así como aquellas señales que evidencien un problema de salud mental. En edad escolar esto puede verse reflejado a través de verbalizaciones que pueden hacerse a compañeros o profesores, publicaciones en redes sociales, o incluso en las tareas que entrega en clase. Otras señales directas de alarma pueden ser hablar o escribir sobre su muerte, sobre desesperanza, sobre sentirse bloqueado, sobre ser una carga o sobre su sufrimiento. Si realiza búsquedas activas sobre cómo matarse (en internet o accediendo a los medios necesarios en su entorno) debe hacernos saltar todas las alarmas. Las señales pueden ser más indirectas, como el incremento de consumo de tóxicos, hablar de venganza, aislamiento familiar y/o social, empeoramiento académico, o señales de sufrimiento emocional: inquietud, nerviosismo, cambios en el sueño o la alimentación, ira descontrolada, labilidad emocional...

A su vez existen diversos FACTORES PROTECTORES frente a la experiencia suicida. Algunos comunes a todas las etapas

vitales son las estrategias de afrontamiento adecuadas y resolución de problemas, capacidad para encontrar motivos para
vivir, las creencias religiosas, culturales o étnicas que supongan una red de apoyo, una buena autoestima, un locus de
control interno y tener valores positivos. Específicamente,
durante la juventud es clave tener un buen nivel educativo, una
experiencia escolar positiva, una red de apoyo sólida tanto en
la familia como en el grupo de iguales, y estar en psicoterapia
teniendo una buena alianza terapéutica con su profesional.

AUTOLESIONES

Autolesionarse implica cualquier conducta provocada inten-
cionalmente para hacerse daño pero sin intención de morir,
generalmente como forma de expresar o gestionar un estado
emocional profundamente doloroso. Habitualmente estas
lesiones pueden ser cortes, quemaduras, golpearse, arañarse
o morderse; cualquier lesión corporal leve o moderada que
genere sangrado, hematomas o dolor. Generalmente se relaciona con el sentimiento de impotencia y con una baja tolerancia a la frustración, así como a una dificultad para afrontar
situaciones complejas o buscar apoyo. La persona que se autolesiona sufre enormemente y encuentra en el dolor físico una
manera de contener o expresar el dolor emocional. No suele ser
un síntoma de un trastorno, sino una señal de falta de estrategias de afrontamiento, aunque en adolescentes la severidad de
la lesión suele indicar la severidad de los síntomas ansiosos o
depresivos. También pueden autolesionarse como manera de
castigarse a sí mismos, como forma de buscar la atención para
recibir ayuda o una búsqueda de emociones fuertes. Esto es
especialmente característico en personas con trastorno límite
de la personalidad, como veremos más adelante.
   Estas conductas son relativamente frecuentes en población
general, apareciendo en el 13-28 % de los adolescentes, pero es

especialmente relevante en población clínica: entre el 40-80 % de los adolescentes se autolesionan, comenzando a llevarlo a cabo entre los 11-15 años y no siendo un hecho aislado, pues la mayoría (entre el 70-93 %) repite más de tres veces. La mitad de los pacientes ambulatorios y hasta el 70 % de los hospitalizados por autolesionarse ha realizado algún intento suicida.

REDES SOCIALES, INTERNET Y SUICIDIO

Internet es un arma de doble filo. Por un lado, puede servir para tender puentes de ayuda, para ser la fuente de información para la prevención e intervención, o para hallar personas y entidades dedicadas a la concienciación y apoyo de la población que sufre. ¡Incluso para descargar aplicaciones dedicadas a mejorar la salud mental! A través de internet puede establecerse una red de apoyo entre personas que sufren y buscan romper con su soledad, con la incomprensión o con el estigma. El acceso a información veraz está al alcance de cualquier dispositivo con conexión. Cada vez más profesionales, e incluso personajes famosos, hablan en redes sociales y medios de comunicación para visibilizar la realidad de los trastornos mentales y el suicidio. La inteligencia artificial hace que según las búsquedas que realices en internet aparezcan en adelante otras sugerencias que puedan interesarte, y recientemente se está trabajando para que estas recomendaciones sean en búsqueda de ayuda. Por ejemplo, según las palabras que se introduzca en Google o en Youtube relacionadas con un diagnóstico de salud mental o con el suicidio, aparecerán sugerencias de asociaciones y entidades para ayudar a la persona que haya realizado esa búsqueda.

Por otro lado, la red puede resultar enormemente dañina, ya que también es el medio para que algunas personas sean víctimas de *ciberbullying* o de ciberacoso, para acceder a foros y páginas donde encontrar métodos suicidas eficaces, o para adquirir los materiales necesarios para cometer el suicidio. La población más joven, que es la principal consumidora de internet, es la más vulnerable frente a este contenido. Existen cientos de webs y foros, legales e ilegales, en los que el intercambio de información prosuicidio puede ser tremendamente específico y explícito sobre medios letales, experiencias o consecuencias. Habitualmente quienes buscan y participan de este contenido no buscan un método, sino que buscan ayuda o soluciones para resolver situaciones complejas que les puedan estar atormentando.

Tal es esta búsqueda de ayuda que, en ocasiones, la persona lo hace de manera indirecta a través de comentarios en redes sociales o páginas web públicas. Por ejemplo, en algunas canciones «colgadas» en Youtube cuya letra o música son más melancólicas, algunos usuarios escriben sobre su desaliento, expresan lo mucho que esa canción potencia su tristeza e incluso algunos cuentan con todo lujo de detalle sus problemas. Haz la prueba: busca alguna canción más o menos conocida que identifiques como especialmente triste o desgarradora y lee los comentarios. Recientemente me contactó la gestora de las redes sociales de una fundación con la que tengo contacto estrecho por mi trabajo, para consultarme sobre cómo proceder ante un comentario que una persona puso en una publicación de Facebook de su entidad. En este comentario la persona indicaba que estaba tan desesperada por no encontrar empleo que estaba valorando el suicidio porque se sentía tan desolada e impotente que ya no le veía sentido a la vida. ¿Qué buscaba esta persona con ese comentario, a la vista de cualquier usuario de Facebook, y qué buscan las personas que ponen comentarios similares en Youtube, blogs y demás redes sociales? AYUDA. Buscan ayuda. Esos comentarios son gritos de socorro de alguien que sufre tanto que lo expone públicamente buscando que otro usuario le tienda una mano amiga capaz de regalar algo de esperanza. Y si piensas que «solo lo hace para llamar la atención», probablemente tengas razón: probablemente busca llamar la atención de cualquiera que pueda brindarle ayuda. Y merece recibirla.

Como mencionaba antes, el acoso escolar ha encontrado una nueva vía de actuación mediante internet: el *ciberbullying*. Consiste en hostigar o burlarse de otro estudiante aprovechando la facilidad de uso de las redes, lo que puede ser aún más doloroso para la víctima, pues este acoso puede llevarse a cabo a cualquier hora del día, en cualquier lugar. Esta agresión hace que se difunda rápidamente entre varias personas (acosadoras, espectadoras y víctimas) y que incluso se produzcan situaciones absolutamente descontroladas de humillación, sometimiento y crueldad. Las víctimas no se sienten seguras en ningún lugar debido al alcance que estos ataques tienen, y para los acosadores requiere muy poco esfuerzo: apenas unos clics y pueden arruinar la salud mental de su presa.

Otras formas de acoso juvenil en internet son el *sexting* y el *grooming*, con consecuencias tan graves como el *bullying*. El sexting hace referencia al envío de mensajes o imágenes con contenido sexual explícito de la víctima, a la que se amenaza y chantajea para conseguir algo a cambio de no difundir dicho contenido. El grooming se realiza a través de cualquier medio electrónico para obtener de un menor cualquier objetivo sexual, desde imágenes hasta el establecimiento de un encuentro para abusar de la víctima.

1.2. Adultez

En esta etapa vital afectan todos los factores mencionados en el capítulo 4, incidiendo aquellos relacionados con la salud mental y las adicciones, como veremos más adelante en este capítulo. Son muchos los factores que pueden propiciar que una persona adulta comience una trayectoria suicida, además de aquellos comunes a todas las etapas vitales. Especialmente reseñables son aquellos que afectan a las relaciones de pareja y familiares, así como la identidad social o el desempeño laboral. Vamos a centrarnos en dos factores: la vida laboral y la pertenencia a una minoría en riesgo de vulnerabilidad.

SUICIDIO Y VIDA LABORAL

Las condiciones en que se desarrolle la vida laboral son diversas y afectan a la salud de la persona trabajadora, dentro y fuera de su puesto de trabajo, así como a su desempeño. Muchos trabajos exigen una concentración y atención altísimas, una gran responsabilidad, unos horarios y turnos largos o desajustados que impiden el establecimiento de una rutina fuera del puesto de trabajo, traduciéndose en una sobrecarga general, especialmente para las familias monoparentales o con dificultades de tipo psicosocial. El clima laboral se ve afectado por variables como el método o los contenidos del trabajo, la incertidumbre, las cuestiones ambientales (iluminación, ruido, mobiliario, temperatura, espacio disponible...) y, por supuesto, por cómo sea la relación entre el personal trabajador con la jerarquía y con el contacto frecuente con el cliente. Son muchos los motivos que pueden desencadenar una situación de estrés crónico, lo que supone un riesgo añadido a aquellos trabajadores que ya tuviesen factores personales de riesgo, máxime si tienen acceso en el trabajo a medios letales.

La jubilación, el desempleo o la inestabilidad laboral son situaciones que a menudo se experimentan como fracasos personales, perjudicando la salud mental de quien los sufre y aumentando el riesgo de suicidio. Aquellos cuya profesión requiere una gran cualificación y sobre la cual depositan parte de su autoestima presentan un riesgo añadido cuando su identidad o valía profesional se ven cuestionadas.

El *estrés laboral* perjudica la salud física y mental de quien lo sufre. Surge del desajuste entre el trabajador, el puesto, la empresa y la organización de la misma. A veces comienza por aparecer un conflicto de roles cuando la persona debe realizar dos acciones opuestas, cuando existe ambigüedad en sus tareas o cuando las demandas del trabajo sobrepasan la capacidad de la persona trabajadora. En este caso, la persona entiende que no tiene los recursos necesarios para realizar su trabajo, pues se produce una alta demanda de trabajo y una escasa capacidad de control de la persona. Algunas situaciones potencialmente estresantes se asocian a cambios en el trabajo, como un despido o la jubilación, sufrir acciones disciplinarias o eventos en los que la persona trabajadora ha sido humillada o maltratada de alguna manera. Cuando existe conflicto entre la vida laboral y la vida personal, sobre todo en los roles familiares, el riesgo de sufrir estrés laboral es aún mayor. Aun así, frecuentemente las personas trabajadoras no piden ayuda por diversos motivos relacionados con el miedo: a ver su profesionalidad cuestionada, a perder autonomía por recibir más supervisión, a perder posibilidad de ascenso, a perder el empleo, a ser abandonados por sus compañeros...

Como consecuencia de este estrés puede aparecer el *síndrome de burnout*, o, como coloquialmente conocemos, «estar quemado/a», cuyo impacto se traduce en agotamiento emocional y no sentirse realizado/a con el trabajo. Suele darse en profesiones que requieren de un continuo trato con pacientes o clientes, como son las profesiones sanitarias, educativas o sociales, asociadas a presión emocional repetida y compromiso interno con las personas con las que trabajan durante periodos prolongados de tiempo.

Otra situación que genera gran estrés y sufrimiento en el entorno laboral es el *mobbing*. Si me lo permites, yo lo llamo «el *bullying* de los adultos», pues consiste en una forma de maltrato psicológico y castigo por parte de una persona con poder o superioridad jerárquica frente a una persona con menos poder. El jefe ahora es el *bully* o «matón del cole». La víctima sufre violencia psicológica extrema de manera repetida mediante actos que pretenden socavar su reputación, su desempeño o su autoestima, provocando que se vea forzada a abandonar su puesto. Estas acciones se producen de manera sistemática y recurrente, y pueden ser directas (con agresiones físicas o verbales) o indirectas (aislamiento o difusión de rumores sobre ella). Además, tener a una persona desocupada u ordenarle realizar tareas inútiles sin valor productivo, impidiendo el desempeño de su labor, representa otra forma de acoso laboral.

Las variables individuales de la persona trabajadora juegan un papel fundamental para prevenir la aparición de estas situaciones: la motivación, las experiencias, los recursos psicológicos y profesionales, la personalidad y la situación vital, que afectan tanto a su percepción del problema como a la respuesta que dé frente a ello. El concepto que tenga sobre sus capacidades y la autopercepción se fraguan a lo largo del recorrido profesional de un individuo. El autoconcepto es esta percepción de uno mismo en un momento concreto, y depende de las experiencias, logros e interacciones con iguales. La autoeficacia, por su parte, es la confianza en el esfuerzo y resultado de una persona a la hora de afrontar un reto profesional. Cuando el autoconcepto o la autoeficacia se ven turbados podemos hablar del *síndrome del impostor*, en el que una persona es incapaz de reconocer sus logros, no cree en su valía personal y teme ser descubierta en el trabajo como un fraude, a pesar de que existan pruebas objetivas que evidencian lo competente que es.

POBLACIÓN DE ESPECIAL VULNERABILIDAD

En la segunda parte de este capítulo conoceremos de cerca algunos de los diagnósticos de ese 90 % de la población que fallece por suicidio. En el otro 10 % se encuentran minorías sociales o poblaciones de especial vulnerabilidad psicosocial.

Su situación supone un riesgo para el desarrollo de un trastorno que afecte a su salud mental, y en este caso, para experimentar un alto riesgo suicida. A continuación hablaremos de tres grupos de especial riesgo: el colectivo LGTBIQ+, las víctimas de violencia de género y la población socialmente excluida.

Colectivo LGTBIQ+

Las siglas corresponden a lesbianas, gays, trans, bisexuales, intersexuales, *queer* y cualquier otra orientación o identidad sexual y de género no normativa. Todavía en el siglo XXI se sigue estigmatizando la diversidad sexual y de género, perjudicando al colectivo en las tres esferas de la salud: social, física y psicológica. La discriminación sufrida y las agresiones facilitan que la prevalencia suicida en este colectivo sea mucho mayor que en personas cuya orientación o identidad encajen con la norma social y cultural en la que se desenvuelvan. La homofobia internalizada, el ocultamiento y la expectativa de rechazo son variables estudiadas por el Modelo de Estrés de Minorías Discriminadas; esto dificulta el proceso de autoaceptación de la persona, aumenta el sufrimiento e impide su integración total. Tal es el nivel de rechazo vigente que en un estudio realizado en 2011 sobre el suicidio en población LGTBIQ+, los familiares y allegados de una persona fallecida por suicidio ocultaban o desconocían la pertenencia de su ser querido al colectivo, dificultando la realización de la autopsia psicológica.

Violencia de género

A lo largo y ancho de todo el mundo se han llevado a cabo investigaciones que dejan constancia de la relación entre la violencia de género y el aislamiento social, los trastornos que afectan a la salud mental de la víctima y el suicidio. Frecuentemente las víctimas presentan trastornos del estado de ánimo y trastorno de estrés postraumático, lo que implica para la víctima un peor pronóstico, especialmente si el maltrato se producía también hacia los hijos e hijas. Las secuelas del maltrato se mantienen durante muchos años, pues después de sobrevivir a la convivencia con su verdugo, a menudo debe enfrentarse al aislamiento que le ha provocado el maltratador, y al cuestionamiento de la sociedad, de la propia familia e incluso de sus hijos; la pérdida de su custodia, además, perjudica notablemente a la víctima y aumenta el riesgo suicida. La desesperanza que esta situación genera aumenta el riesgo de suicidio, así como la presencia continua del fantasma del maltratador, que en ocasiones se presenta como un acosador que quiere seguir controlándola, otras veces se presenta en forma de procesos judiciales que alarga en el tiempo para mantener el sufrimiento, y otras veces como un perseguidor en búsqueda de venganza. Esto empuja a la víctima a pensar que la muerte es la única salida para huir finalmente de su maltratador. Para prevenir el riesgo de suicidio de las víctimas es crucial que reciban atención profesional en dispositivos especializados en violencia de género y salud mental, que puedan dar el apoyo psicológico, judicial y social necesario para que pueda recuperar su vida y su salud física, mental y social.

EXCLUSIÓN SOCIAL

A lo largo de esta guía ha quedado claro que el ser humano es social por naturaleza y necesita pertenecer a un grupo, como constataron Durkheim, Shneidman, Joiner y tantos otros autores. El aislamiento o rechazo por parte de la sociedad trunca esta necesidad y genera un gran sufrimiento en cualquier persona, desembocando en un posible trastorno mental y experiencia suicida. La exclusión social es la manifestación más extrema de pertenencia frustrada, y existen tres colectivos principales que pueden verse afectados de esta manera: las personas sin hogar, las encarceladas y las migrantes, especialmente aquellas que carecen de conexión sociocultural. La exclusión social extrema atenta contra la salud mental de la persona hasta el punto de sentirse absolutamente rota, insignificante, o de ser una carga para las personas con las que tengan un mínimo de contacto, como pueden ser los compañeros de celda, trabajadores sociales o familiares lejanos. Las personas sin hogar presentan tasas desproporcionadamente mayores de trastornos mentales, adicciones, autolesiones, ideación suicida y muerte por suicidio. Las personas ingresadas en prisión que mayor riesgo suicida tienen son aquellas con un trastorno mental, trauma infantil, antecedentes suicidas, autolesiones o adicciones; durante su estancia en prisión los factores precipitantes más relevantes son el agravamiento de una enfermedad, las rupturas familiares y el propio aislamiento. La excarcelación y reinserción social suponen un reto para la persona, que requerirá apoyo y seguimiento para reducir el riesgo suicida. Finalmente, el estrés de la aculturación para la población migrante es un factor a tener en cuenta para prevenir la experiencia suicida, pues a la dificultad de alejarse de la propia cultura y adaptarse a una nueva se le añade el riesgo de sufrir formas de violencia social como el racismo o la xenofobia. La población migrante, y en especial la refugiada, está más expuesta a eventos traumáticos, trastornos mentales e inconvenientes de la barrera del idioma, el desafío laboral y familiar, y el reasentamiento en general.

1.3. Vejez

En el anterior capítulo vimos los factores de riesgo más relevantes para la población geriátrica: el empeoramiento de enfermedades, el aumento de la dependencia, la pérdida de funciones físicas o psicológicas, la viudedad, la institucionalización... La última etapa vital acarrea una serie de pérdidas que debe afrontar la persona anciana: sensoriales, motoras, cognitivas, sociolaborales, familiares, amigos, roles... lo que convierte a este colectivo en especialmente vulnerable frente al suicidio. Comenzando por la salud física, cuando esta se ve afectada por enfermedades crónicas, graves e invalidantes que ponen en riesgo a la persona, especialmente las dolorosas, las neurológicas, las oncológicas o las que impidan la visión, pues todas ellas están relacionadas con la aparición de sufrimiento psíquico. Una vez más, los problemas relacionados con la salud mental son los principales que ponen en jaque la seguridad del anciano, especialmente los trastornos afectivos, y la depresión es un diagnóstico frecuente en personas institucionalizadas en residencias.

En esta población la tasa de suicidio es menor en personas que permanecen en sus hogares o con sus familias, especialmente si se convive con alguno de los hijos. Ingresar en una institución de larga estancia puede suponer una situación profundamente estresante por el temor que ello supone para la persona. Ya sea porque la persona ya no pueda cuidar de sí misma o porque la familia no pueda hacerse cargo, alejarse de su hogar, su rutina y su familia es un reto que puede sentirse incapaz de afrontar. Esto puede desencadenar un empeoramiento físico y psicológico, y precipitar un intento autolítico.

El estado civil también es relevante en esta etapa vital para los varones: los casados son los que menos riesgo presentan, frente a los viudos, que son los de mayor riesgo. Aunque entre las mujeres parece no afectar tanto el estado civil, aquellas que llevan dos años viudas y las que no han tenido descendencia se encuentran en una situación especialmente vulnerable. Como en cualquier etapa vital, el duelo es un evento potencialmente traumático, siendo más difícil durante el primer año de viudedad para los varones y tardando más años en reponerse que las mujeres.

La cercanía de la muerte puede ser vivida de muchas formas. Algunas personas la viven con angustia, que se manifiesta con hipocondría o quejas somáticas; otras personas la viven con confianza y tranquilidad, y otras la reciben como medio para despojarse del dolor físico y emocional. Estas últimas son las que constituyen la mayoría de suicidios en mayores de 70 años, cuya tasa de fallecimientos por suicidio es tan alarmante como ignorada. Los intentos de suicidio en esta etapa vital se caracterizan por ser altamente letales y premeditados, emitiendo menos señales de alarma y empleando sistemas infalibles, algunos de ellos de manera pasiva como el abandono de tratamientos médicos o la inanición.

Otros factores de riesgo al final de la vida pueden ser la falta de apoyo social, fallecimiento de familiares o amistades cercanas, y los antecedentes personales y familiares de trastornos mentales, autolesiones o intentos de suicidio. El acceso a medios letales también influye en esta población: habitualmente los hombres emplean métodos más violentos, como el ahorcamiento o la defenestración, y las mujeres utilizan métodos menos agresivos, como la sobreingesta medicamentosa.

Las habilidades sociales siguen siendo importantes al final de la vida. Saber expresar sus preocupaciones, buscar ayuda, mostrarse abierta a las experiencias y soluciones ajenas, aprender de los demás y confiar en los demás para poder hablar de la ideación suicida facilitará que la persona tenga el cuidado necesario de su salud mental y social. Tener un proyecto vital y vínculos sociales fuertes son los mayores factores de prevención: tener amistades y hacer vida social, vivir con familiares o tener contacto frecuente y satisfactorio con ellos, pertenecer a una asociación, pertenecer y practicar una religión, tener aficiones, etc. Para la persona anciana tener una familia que la respete, quiera, apoye y dé seguridad es fundamental para combatir la soledad, el sentimiento de carga o la autocrítica. Encontrarse en armonía con la vida, la población general y con las generaciones más jóvenes también es un buen predictor de salud mental. Además, cómo emplee el tiempo nos indicará cómo se siente la persona anciana: si mantiene relación con amistades con compañeros de trabajo, si emplea adecuadamente sus momentos de ocio, si tiene una rutina diaria y si en ella incluye actividades de autocuidado. Incluso a su calidad de vida contribuyen los organismos gubernamentales y entidades que aseguren la asistencia médica, la vivienda, el transporte o aquellos que garanticen que la persona podrá llevar una vida satisfactoria.

Finalmente, como en el resto de la población, hacer un buen uso de los recursos sociosanitarios y tener un buen vínculo con los diferentes especialistas de la salud que requiera garantizará una buena atención a la salud de la persona anciana, cuya esperanza y calidad de vida pueden verse mermadas por un seguimiento médico deficitario.

PARTE 2: TRASTORNOS QUE AFECTAN A LA SALUD MENTAL

Llevamos todo este tiempo hablando del papel tan importante que tienen los trastornos mentales como desencadenantes de la experiencia suicida, pero... ¿qué son los trastornos mentales? La Organización Mundial de la Salud definió en 1948 la salud como «un estado de completo bienestar físico, mental y social, y no solamente la ausencia de afecciones o enfermedades». La definición no ha cambiado desde entonces, así que es destacable que no solo se haga referencia únicamente a la salud física, sino también a la mental y social: elementos claves a la hora de entender a la persona inmersa en la experiencia suicida. El origen de la mayoría de trastornos es policausal (varias causas han influido en su aparición) y multifactorial (hay varios factores que mantienen el trastorno o que precipitan un empeoramiento). En general, entran en juego la carga genética de algunos diagnósticos, la historia vital de la persona, el ambiente en el que se desenvuelva, las estrategias de afrontamiento, los factores psicosociales y otras variables biológicas.

La siguiente clasificación de algunos de los trastornos mentales más prevalentes, conocidos o graves es para que te familiarices con ellos, los conozcas y comprendas mejor. Darse cuenta a tiempo de las señales que indican que algo no va bien facilitará que comience antes la intervención y ayuda profesional. **Esto no es una herramienta para que diagnostiques a una persona.** Del diagnóstico y tratamiento se encargan los y las profesionales que trabajan en salud mental: psiquiatría, trabajo social, enfermería, terapia ocupacional, psicología, educación social, etc. Recuerda que puedes contactar con los servicios de salud mental a través de atención primaria, hospitales, en los centros de salud mental, asociaciones, etc. Si necesitas contactar con alguna entidad o asociación específica, al final de esta guía encontrarás un listado de entidades y asociaciones que pueden serte de ayuda o te deriven a otro recurso que se ajuste a las necesidades y características de la persona a la que hay que ayudar.

Todos los diagnósticos tienen en común que causan una gran interferencia en el funcionamiento habitual de la persona y repercuten negativamente en todas (o casi todas) las áreas vitales. La presencia de sufrimiento psíquico es un factor de riesgo para comenzar la trayectoria de la experiencia suicida. Además, las personas con un trastorno que afecte a su salud mental sufren estigma social asociado a su diagnóstico, pudiendo ser culpabilizadas de su propia enfermedad, siendo percibidas como peligrosas o con poca fuerza de voluntad, e incluso como incapaces de mantener una vida autónoma e independiente. Esto supone una dificultad añadida para que pueda alcanzar sus objetivos, recuperarse, tener una vida satisfactoria o integrarse socialmente en su comunidad y en la vida académico-laboral. Cuando las personas interiorizan el estigma asociado a su diagnóstico presentan el denominado *autoestigma*, que afecta negativamente a su sentimiento de valía y autoeficacia, entorpeciendo su recuperación.

Al igual que con el suicidio, el estigma se mantiene por la desinformación y el prejuicio general que la sociedad transmite sobre los diagnósticos. El lenguaje puede ser muy estigmatizante: «Hace un rato estaba bien y ahora está enfadada, debe de ser bipolar», «Esto me pone triste y me deprime», «Tiene muchas manías, es un poco TOC», «Es una *borderline*, porque menuda intensa», «Se enfadó, estaba psicótico perdido»... Estas expresiones y tantas otras que popularmente utilizamos y escuchamos devalúan el sufrimiento de las personas que tienen dichos diagnósticos, tratando algunos síntomas como algo banal y confundiendo situaciones generales con aquellas que sí son graves para la salud mental.

Resolvamos primera una duda: ¿es lo mismo enfermedad mental que trastorno mental? Una ENFERMEDAD es una patología física que produce cambios en el cuerpo, como un órgano, que presenta una serie de signos y síntomas similares en toda la población y cuya evolución es previsible. Las causas que implican esta condición pueden ser diversas, siendo las biológicas, las genéticas y las ambientales las más comunes. Sin embargo, hablamos de TRASTORNO cuando el deterioro se produce de manera general en la persona, sea cual fuese su causa, por lo que la alteración afecta al estado normal de la persona se deba o no a una enfermedad subyacente. Digamos que las enfermedades comprenden un origen específico, presentan unas causas concretas y afectan de manera similar a todo el mundo; y, sin embargo, el mismo trastorno en distintas personas puede deberse a causas muy diferentes, y el pronóstico o evolución de cada individuo será distinto.

Un trastorno que altera la salud mental de una persona afecta a su funcionamiento mental, social e incluso a su cuerpo, como sucede por ejemplo con los trastornos por ansiedad, los trastornos del estado de ánimo o los trastornos de la conducta alimentaria. No altera únicamente algunas regiones cerebrales, sino que los trastornos mentales se caracterizan por producir cambios desadaptativos en el pensamiento, las emociones, la percepción, las conductas y las relaciones con el entorno de la persona. Además, una persona puede presentar más de un trastorno mental a la vez, como por ejemplo depresión y ansiedad, produciéndose entonces una *comorbilidad* de diagnósticos. El aumento en la población mundial de la prevalencia de trastornos mentales y consumo de psicofármacos es una cuestión de salud pública grave que debe abordarse cuanto antes con acciones preventivas e intervenciones específicas. Solo en España, desde el inicio de la pandemia el consumo de medicamentos antidepresivos y ansiolíticos ha aumentado tan drásticamente que ha posicionado a nuestro país en la cabecera de los países europeos con mayor consumo de estos fármacos.

Vamos a conocer y reconocer rápidamente los grupos o trastornos que con mayor frecuencia alteran la salud mental de la población. Seguramente hayas oído hablar de varios de ellos: te recomiendo que en cada uno hagas un ejercicio de empatía, esa que tanto estás entrenando con esta guía, dejando de lado la información estigmatizante o el tabú que conozcas, para ponerte en la piel de una persona que pueda tener el diagnóstico que a continuación vas a leer.

2.1. Trastornos del estado de ánimo. Depresión y trastorno bipolar

Los trastornos del estado de ánimo se caracterizan por una alteración emocional, generalmente por decaimiento, con tal intensidad o duración que interfieren en la vida diaria de la persona. Los trastornos depresivos son los más conocidos, y la persona que los padece pierde el interés o la capacidad de disfrutar de actividades que antes le satisfacían, lo que se llama *anhedonia*; pueden presentar *alexitimia*, que es la incapacidad para expresar o experimentar algunas emociones; o sentir con dolorosa intensidad otras emociones como la soledad, la desesperación, la culpa o la tristeza. Aparece también la *apatía* y la *abulia*, que son, respectivamente, falta de interés por las relaciones y por el entorno, y pérdida de la voluntad o capacidad de decisión. Las personas cercanas a alguien con estos síntomas pueden pensar que «está a su bola», «metida en su mundo» o que «solo le interesan sus cosas». Se producen también alteraciones en los ritmos biológicos, aumentando o disminuyendo gravemente algunos ciclos como el sueño, el apetito o la falta de energía; en ocasiones aparecen síntomas físicos que aparentemente no tienen causas orgánicas.

La disfunción alcanza también las facultades cognitivas, disminuyendo la capacidad de pensar, de concentrarse o de tomar decisiones, e incluso altera las facultades psicomotoras, causando un enlentecimiento general de los movimientos, limitando su actividad física, social y sexual, o haciéndole sentir profundamente cansada. Todo ello perjudica el desempeño académico-laboral, el autocuidado (cuando la situación es grave, la persona descuida hasta su higiene personal) o el rol familiar que tenga, abandonando el cuidado de sus hijos, seres queridos, sus animales u otras responsabilidades. Los trastornos afectivos son de las principales causas de discapacidad e incapacidad laboral en todo el mundo, entorpeciendo la vida cotidiana de la persona que los padece y de sus personas cercanas.

Depresión

Cuando se presentan durante al menos dos semanas la mayoría de estos síntomas de manera continua y persistente, interfiriendo sobre todo el ánimo depresivo o la anhedonia, la persona está en un *episodio de depresión mayor*. Este episodio puede ser de distinta duración, y puede sufrirse de manera recurrente, pues las personas que han pasado un episodio de depresión mayor tienen mayor riesgo de sufrir otro episodio en el futuro. Para intentar combatir sus síntomas, como el insomnio o la ansiedad, las personas pueden recurrir al uso de drogas legales o ilegales, por lo que tienen mayor riesgo de desarrollar una adicción o de sufrir enfermedades físicas.

La depresión no entiende de culturas o clases sociales, pues puede afectar a cualquier persona. Aunque suele originarse durante la adolescencia y los primeros años de la adultez, puede darse en cualquier edad, desde la infancia hasta la vejez, como hemos mencionado anteriormente. La rigidez cognitiva, la falta de habilidades de afrontamiento y resolución de problemas, o unas habilidades sociales limitadas son factores de riesgo para el desarrollo de un trastorno depresivo. Sin embargo, tengamos en mente que la **depresión no significa ser débil o tener un carácter delicado**.

TRASTORNO BIPOLAR

Hasta hace unas pocas décadas este trastorno se conocía como *trastorno maníaco-depresivo*, pues se caracteriza por periodos depresivos como los mencionados anteriormente y periodos de *manía* (o una forma menos grave, la *hipomanía*), que implica un estado de ánimo exaltado o eufórico y una actividad general frenética. Los episodios de (hipo)manía suelen durar unos pocos días porque acaban requiriendo un tratamiento psiquiátrico urgente; sin embargo, el episodio depresivo puede durar hasta seis meses. Entre un episodio y otro se dan periodos de tiempo de estabilidad emocional, cuya duración varía en función de la persona, del momento vital y del tratamiento que reciba. Para poder diagnosticar un trastorno bipolar es necesario que la persona haya sufrido al menos un episodio de manía o hipomanía, y no es imprescindible que se haya dado un episodio depresivo. Algunas personas presentan varios episodios a lo largo de la vida, pudiendo predominar los depresivos o los (hipo)maníacos, o dándose ambos ciclos por igual; en cambio, otras personas sufren pocos episodios en su vida. En cualquier caso, el trastorno bipolar es crónico y debe tener un tratamiento adecuado estable, de lo contrario, el riesgo de problemas psicosociales, pérdida de empleo, consumo de sustancias o tentativas suicidas es altísimo, pues las personas con este diagnóstico tienen un riesgo suicida quince veces mayor que la población general.

Los *episodios de manía* tienen un inicio más brusco que los depresivos y son mucho más cortos. Durante un episodio maníaco la persona se siente llena de energía, hiperactiva, eufórica o irritable, sobreestima sus capacidades e incluso la necesidad de dormir. Se sienten tan enérgicas que pueden ser impulsivas y cometer acciones temerarias como consumir drogas, tener relaciones sexuales promiscuas sin protección, apostar o conducir de manera frenética. Su actividad mental también se acelera, tanto que puede perder la coherencia en el pensamiento, la comunicación o la conducta. No solo no son conscientes de su alteración, sino que durante este periodo pueden aparecer síntomas psicóticos, sobre todo de tipo delirante, debido al rechazo o aislamiento que su actividad genera en los demás. A diferencia de la manía, en la hipomanía la persona sí puede darse cuenta de su alteración y busca ayuda para volver al equilibrio emocional y físico.

Menos frecuentes son los *episodios mixtos*, en los que la persona presenta a la vez síntomas depresivos y maníacos o hipomaníacos en un periodo de tiempo muy breve. Por ejemplo, la persona puede acostarse sufriendo sintomatología depresiva, y despertar al día siguiente con síntomas maníacos, o estallar en llanto durante un estado de ánimo eufórico. Aunque no se dan a menudo, estos episodios son los de mayor riesgo para realizar un acto suicida.

2.2. Trastornos de ansiedad

Como vimos en el primer capítulo, el miedo es una respuesta emocional adaptativa ante una amenaza. La ansiedad es la manifestación corporal, mental y conductual de este miedo, y puede ser adaptativa en niveles bajos, pues nos impulsa a prepararnos, practicar o buscar la mejor manera de afrontar la situación que nos asusta. Cualquier persona experimenta ansiedad a lo largo de su vida, pues es habitual sentirse nerviosa o preocupada por un problema o situación que nos genera malestar. Se suele dar antes de que acontezca esa situación, pues su carácter anticipatorio sirve para que cuando llegue el momento estemos preparados para afrontarlo o huir de ello. Seguro que alguna vez has sentido ansiedad antes de hacer un examen, ante un cambio sustancial, en una situación social abrumadora, ante un evento potencialmente amenazante para tu salud física o mental...

No obstante, los trastornos de ansiedad son aquellos cuya respuesta es desmesurada, generando una profunda angustia y una disfunción o desadaptación en la vida de la persona. Al igual que con los trastornos del estado de ánimo, la ansiedad se considera un trastorno cuando se da con una frecuencia o intensidad excesivas e incapacitantes, impidiendo el funcionamiento habitual en las áreas social, académico-laboral, familiar y personal. La duración del episodio ansioso es diferente para cada persona e incluso en cada momento; no obstante, si no se interviene, la ansiedad no desaparece en el tiempo sino que empeora, agravándose en el curso de los años. Los trastornos ansiosos son los más frecuentes en salud mental, por delante de los trastornos depresivos, tanto en población clínica como en población general, y sin embargo, son poco tratados, por lo que su cronificación empeora la salud física, social y mental de quien los padece.

Existen múltiples trastornos de la ansiedad, cada uno con distinto grado de interferencia en la vida cotidiana. Así, por ejemplo, las *fobias específicas* no tienen el mismo impacto que el *trastorno de ansiedad generalizada*, la *fobia social*, la *agorafobia* o las *crisis de angustia*. Todos tienen en común el temor profundo, pero cada uno se desarrolla de distinta manera. Por ejemplo, la crisis de angustia aparece de manera repentina, mientras que la agorafobia se origina en minutos, horas o días. La intensidad es diferente, pues en ocasiones puede percibirse como una inquietud cognitiva que no es observable por otras personas, y otras veces puede ser tan intensa que impida su control.

Los síntomas de ansiedad más frecuentes son: taquicardia, temblor, sudores, sensación de asfixia, hiperventilación y aceleración del pensamiento. Como el nivel de ansiedad puede ser tan alto que interfiera en la rutina de la persona, puede llevarla a limitar su actividad general por evitar situaciones potencialmente ansiógenas. La persona intenta regular su malestar de distintas maneras, pero puede desarrollar algunas conductas desadaptativas como el consumo de sustancias o las autolesiones.

2.3. Trastornos del espectro psicótico. Esquizofrenia

Las experiencias psicóticas son alteraciones del pensamiento, la percepción, el lenguaje, la conducta y las emociones, y suponen una distorsión o ruptura con la realidad. La persona puede malinterpretar lo que sucede a su alrededor, sentirse vigilada o escuchar voces estando sola. Todo ello se vive como algo muy real, lo que altera entonces la manera en la que la persona se relaciona con el mundo. Un episodio psicótico es un periodo de tiempo en el que estos síntomas interfieren con el funcionamiento habitual de la vida personal, social y laboral de quien los padece. Cuando se produce el debut del trastorno, este genera en la persona y en su entorno una gran confusión, angustia e incomprensión de lo que le sucede. Su inicio suele ser sinuoso, aparece de manera gradual, al principio parece que la persona «está rara» o se comporta de manera extraña, lo que atrasa la búsqueda de ayuda profesional en los servicios que atienden a la salud mental. La persona con un diagnóstico del espectro psicótico no tiene síntomas constantemente, sino que la aparición o gravedad de los mismos puede controlarse con las estrategias personales y farmacológicas necesarias. Como con cualquier enfermedad física, en la psicosis cuanto antes se intervenga, mejor pronóstico de recuperación habrá, pues cuanto menos se pierda más fácil será retomar la vida diaria y sus facultades, evitando una ruptura biográfica.

¿Se puede recuperar una persona con psicosis? Depende de muchos factores, especialmente del nivel de afectación y de la red de apoyo con que cuente la persona, pero siempre que tenga la ayuda y las herramientas adecuadas la persona podrá ganar en autonomía y tener una vida como cualquier otra persona sin psicosis. El problema es que, dentro del colectivo de personas psiquiatrizadas, aquellas con psicosis tienen más riesgo de ver vulnerados sus derechos humanos a través de distintas formas de violencia psiquiátrica, como el internamiento forzoso e involuntario en centros de larga estancia, la sobremedicación o la incapacitación legal y tutelaje como medida de actuación, en lugar de fomentar la recuperación y cuidado de su salud mental. El estigma asociado a la psicosis es la falsa creencia de que las personas con un trastorno psicótico son peligrosas, cuando la realidad es precisamente la contraria: a menudo han sido víctimas de violencia antes de desarrollar el trastorno, sufren discriminación social o son agredidas de diversas formas.

El espectro de la psicosis engloba varios diagnósticos, siendo el más representativo la *esquizofrenia*, que implica que una persona ha experimentado más de un episodio psicótico. Es un trastorno crónico, pero no por ello conlleva un deterioro progresivo de la calidad de vida. El proceso de recuperación de la esquizofrenia implica un tratamiento psicoterapéutico, farmacológico y rehabilitación funcional de todas las áreas vitales; algunas personas no utilizan psicofármacos, lo que conlleva un profundo autoconocimiento, conciencia de enfermedad y abordaje de la sintomatología para controlarla o convivir con ella. Habitualmente los síntomas se clasifican en cuatro tipos: afectivos, cognitivos, negativos y positivos.

No, positivos no significa que sean buenos o agradables: significa que suponen un exceso en comparación con el funcionamiento mental sin psicosis. Los síntomas negativos, como podrás suponer, no son síntomas «malos», sino que suponen un déficit, disfunción o carencia en la misma comparación. Al final de este apartado te dejo una tabla con la clasificación que veremos a continuación, ya que la complejidad de estos trastornos puede hacerte un lío.

- *Síntomas positivos.* Suponen un «exceso» de percepción o de funcionamiento habitual de la mente. La persona experimenta una distorsión de la realidad, pudiendo llegar a perder el contacto con ella durante una crisis. Para la persona con sintomatología positiva estas experiencias son muy reales, siendo muy difíciles de distinguir cuando debuta el trastorno, pero haciendo un buen trabajo terapéutico puede reconocerlas y controlarlas. Las alucinaciones y las ideas delirantes son síntomas positivos, así como las conductas que puedan surgir en consecuencia. Las *alucinaciones* son alteraciones en la percepción a través de cualquiera de los cinco sentidos, y las más características con las auditivas (voces) y las visuales.

Las táctiles, olfativas o gustativas suelen estar relacionadas con el contenido delirante. Las *ideas delirantes, delirios* o *pensamientos delirantes* son aquellas creencias e ideas que alteran el pensamiento, carecen de lógica o de demostración objetiva que las sustente y son resistentes a la crítica, pero que la persona mantiene firmemente a pesar de ello. No son ajustadas a la realidad y suelen ser interpretaciones que buscan dar una explicación a acontecimientos ambiguos o confusos. Las más frecuentes son la creencia de ser vigilado o perseguido, de ser controlado por otra persona o de ser especialmente importante o famoso. Las alucinaciones y el pensamiento delirante desembocan en una *alteración en la conducta* de quien lo padece, que suele actuar de manera «extraña», con respuestas emocionales inadecuadas, hiperactivas o desorganizadas.

- *Síntomas negativos*. Suponen un déficit o carencia del funcionamiento habitual de la persona, interfiriendo en su afectividad, su voluntad y sus relaciones sociales y académico-laborales. Pueden confundirse con síntomas depresivos (como la anhedonia, la abulia, la alexitimia y la apatía de los que hemos hablado en los trastornos depresivos), con efectos secundarios de la medicación o con «mal comportamiento», tachando a la persona de ser perezosa o de ser culpable de no recuperarse. La actividad motora y energía de la persona se ven muy disminuidas, afectando al equilibrio ocupacional. Aparece el *aplanamiento* o *embotamiento afectivo*, que parece ser una actitud de indiferencia, pero en realidad es una falta de reacciones emocionales ante los sucesos que ocurren a su alrededor. La *alogia* implica una falta de lógica en el discurso, una disminución de respuestas o respuestas breves, y un descenso de la espontaneidad y fluidez cuando habla con otra persona. Todos estos síntomas conducen a un *aislamiento social*, alimentado también por la sintomatología positiva, separando a la persona de sus familiares, amistades, compañeros/as y alejándola de aquellas situaciones sociales en las que se desenvolviese habitualmente.

- *Síntomas cognitivos*. La sintomatología negativa tiene una estrecha relación con la cognitiva, repercutiendo el empeoramiento de una sobre la otra. Principalmente se ven afectadas la *atención* (sobre todo la atención sostenida y la atención dividida), la *memoria* (sobre todo la episódica/autobiográfica y la memoria de trabajo, que permiten poner en práctica el aprendizaje de una habilidad o información). Esta última está estrechamente ligada al deterioro de las *funciones ejecutivas*, como son la capacidad de organizarse, realizar y valorar el resultado de una acción, lo que a su vez repercute negativamente en la planificación y toma de decisiones: cualidades necesarias para afrontar las situaciones cotidianas. Finalmente, estos síntomas también producen alteraciones en el *pensamiento*, que a su vez interfiere en el *lenguaje*: la velocidad, desorganización o capacidad de pensamiento se manifiesta a través de limitaciones en la capacidad para hablar. La persona que lo padece muestra un discurso distraído o limitado, lleno de largos silencios y bloqueos, pudiendo impedir la comunicación con los demás. Puede confundirse con la sintomatología negativa, cuando en realidad pueden agravarse entre sí.

- *Síntomas afectivos*. Puede aparecer clínica depresiva o desequilibrio emocional, con emociones fuertes como la desesperanza, la tristeza o la irritabilidad. A menudo no se sabe si la sintomatología afectiva propulsó el episodio psicótico, o si las consecuencias de la psicosis (principalmente por el rechazo y aislamiento) generan los síntomas afectivos. Otras veces los síntomas afectivos pueden verse desplazados o enmascarados por los síntomas negativos.

	Alucinaciones
Síntomas positivos	Delirios
	Alteraciones en el comportamiento
	Apatía
	Abulia
	Anhedonia
Síntomas negativos	Aplanamiento afectivo
	Alogia
	Aislamiento social
	Actividad motora
	Atención
Síntomas cognitivos	Memoria
	Funciones ejecutivas
	Pensamiento y lenguaje
	Desesperanza
Síntomas afectivos	Tristeza
	Irritabilidad

→ CONECTA: Las experiencias parapsicóticas son muy comunes en la población general. Por ejemplo, seguro que te ha pasado que yendo por la calle o estando en un bar te ha parecido oír tu nombre, o has sentido que te vibraba el móvil en el bolsillo y al comprobarlo no había ninguna notificación. Tal vez alguna vez has sospechado que alguien estaba tramando algo contra ti: un jefe, una vecina cotilla, un amigo gorrón, o una mentira que le has contado a tu madre y sientes que en cualquier momento te dirá que te ha pillado. Seguro que alguna vez te has encontrado con demasiadas casualidades que te han hecho arrugar la nariz y sospechar que alguien lo ha amañado. ¿Te hicieron sentir confuso o asustado? Imagina cualquiera de estas experiencias, pero venidas a más: ¿cómo te sentirías? A lo mejor esa persona que ves que actúa raro o que no socializa mucho en clase, o ese amigo que ha dejado de salir están experimentando un sufrimiento psicológico que ahora entiendes mejor, y esa persona probablemente necesite la ayuda que sabrás brindarle.

2.4. Trastornos de la personalidad. TLP

Los rasgos de personalidad representan patrones de pensamiento, percepción, reacción y relación que son relativamente estables en el tiempo. La existencia de un trastorno de personalidad (en adelante, TP) se produce cuando los rasgos de personalidad se vuelven tan pronunciados, rígidos y desadaptativos que la persona afectada tiene problemas en el trabajo, la escuela y/o en el trato con otras personas. Se caracterizan por ser alteraciones en dichos rasgos de forma duradera, generalizadas y repetitivas, que provocan un perjuicio importante a la persona afectada y/o afectan su capacidad de desenvolverse, así como un deterioro funcional significativo. Estas desadaptaciones sociales pueden causar angustia significativa en las personas con TP y en aquellas que las rodean. Los TP por lo general comienzan a hacerse evidentes durante la adolescencia tardía o adultez temprana, aunque a veces se evidencian antes. Existen 10 tipos de TP y difieren en problemas específicos, pero, en general, presentan dificultades para relacionarse con los demás y manejar el estrés, y/o tienen una autoimagen que varía según la situación y que difiere de cómo la perciben los demás. Son principalmente problemas con la identidad propia y con el funcionamiento interpersonal.

El TP con mayor prevalencia de autolesiones y experiencia suicida es el *trastorno límite de la personalidad (TLP)*, también conocido como *borderline* por su nombre en inglés (*borderline personality disorder*). Su principal característica es la inestabilidad general y la hipersensibilidad en las relaciones sociales. La inestabilidad abarca la imagen personal, las fluctuaciones emocionales y la impulsividad, lo que implica un altísimo riesgo para desarrollar conductas autolesivas o actos suicidas. La persona con TLP teme ser abandonada, por lo que suele hacer esfuerzos frenéticos para evitar la soledad, lo que genera gran sufrimiento en la persona y en su entorno cercano. A pesar de ello, la mayoría de personas que lo padecen podrán mejorar si reciben un buen diagnóstico (pues a menudo se confunde con otros trastornos) y si la intervención se realiza de manera eficaz y multidisciplinar, desde las diversas disciplinas que cuidan de la salud mental que hemos venido mencionando. Los síntomas propios del TLP son:

1. *Miedo al abandono.* Habitualmente la persona con TLP tiene una baja tolerancia a la soledad, por lo que cuando se siente descuidada o abandonada siente un profundo temor e ira, incluso si no hay motivos reales para pensarlo o si la separación se diera por un tiempo limitado. La sensibilidad al rechazo puede «medirse» con la intensidad de sus reacciones o respuestas, pues en ocasiones, para evitar dicho abandono, puede actuar impulsivamente, llegando a autolesionarse.

2. *Problemas de identidad.* La persona con TLP tiene una percepción de sí misma inestable e incierta, por lo que su autoimagen puede cambiar bruscamente, viéndose reflejada en cambios repentinos de sus valores, opiniones, amistades, planes de futuro o imagen personal. Estos cambios se deben a una falta de sentido de quién es realmente o qué quiere; a veces esto desemboca en otros trastornos añadidos, como el trastorno de la conducta alimentaria.

3. *Sentimiento de vacío.* La persona puede sentir un vacío interior crónico, del que habla como una falta de sentido existencial o vacío emocional que es imposible de llenar. Esto puede sentirse también como un dolor físico o un profundo bloqueo que paraliza durante días a la persona.

4. *Inestabilidad interpersonal, fluctuantes entre extremos.* Es frecuente que la persona se relacione de manera intensa y que, movida por el pensamiento de polos opuestos (blanco o negro, todo o nada, amor u odio) cambie drásticamente de opinión respecto a otra persona. Así, cuando se siente apoyada o querida, puede sentirse vulnerable y dependiente, pero cuando percibe que ha sido dañada por el otro, su visión

cambia radicalmente pasando de la idealización al odio. Desea tener relaciones estrechas e íntimas y realmente se preocupa por los demás, pero le resulta realmente complicado mantener una relación estable de cualquier tipo. Los inicios de sus relaciones son muy intensos, tal vez absorbentes, pero si siente que la otra persona no se preocupa lo suficiente o si la desilusiona, pasará a menospreciarla o enfadarse con ella.

5. *Inestabilidad afectiva*. La persona con TLP es extremadamente sensible al estrés interpersonal, lo que la hace reaccionar de manera emocionalmente muy intensa, aunque los cambios emocionales duran apenas unas horas. Sin embargo, le resulta complicado identificar y expresar sus sentimientos, lo que puede hacer que la presión interna aumente hasta desatar respuestas emocionales desproporcionadas. El sufrimiento puede ser tal que para huir de él la persona puede refugiarse en otras conductas desadaptativas que alivian temporalmente el dolor: promiscuidad sexual sin protección, atracones de comida, consumo de sustancias o grandes compras inútiles.

6. *Comportamiento destructivo, agresividad*. En relación con lo anterior, la persona con TLP tiene dificultades para controlar la ira. A menudo pueden enojarse de manera inapropiada y responder con peleas físicas o ataques verbales con sarcasmo o comentarios hirientes. Tras el episodio de ira le suele seguir la vergüenza y la culpa, que alimenta la percepción que tiene de sí misma como de alguien malo, dañino o poco valioso.

7. *Autolesiones y experiencia suicida*. Debido a la intensidad emocional, estos comportamientos autodestructivos suelen realizarse de manera impulsiva y los originan la desilusión, el sentimiento de abandono, el rechazo o el miedo a asumir una responsabilidad para la cual no se siente preparado. El dolor físico es una manera de expresar y aliviar su sufrimiento emocional, de compensar su maldad o de salir de *estados disociativos*, en los que la persona se siente separada de sí misma o irreal. El daño le sirve para volver a la realidad o para desviar la atención de la angustia emocional. Las autolesiones no se realizan para acabar con la vida; no obstante, el 8-10 % de las personas con TLP fallece por suicidio, presentando un riesgo 40 veces mayor que la población general.

8. *Síntomas psicóticos*. Suelen aparecer durante periodos de estrés extremo y durar unos minutos u horas. Los estados disociativos o la intensidad emocional pueden provocar la aparición de sintomatología psicótica positiva, pudiendo aparecer la ideación delirante de persecución o referencia ante el profundo miedo al abandono.

2.5. Trastorno de estrés postraumático

El trastorno de estrés postraumático (en adelante, TEPT) se origina por vivir o presenciar un evento potencialmente doloroso o mortal que genera horror, impotencia, dolor o miedo intensos. Este evento altamente perturbador puede provocar que en los seis meses posteriores (en ocasiones hasta después de años del suceso) la persona sufra recuerdos vívidos y aterradores, pesadillas o que ciertos estímulos le hagan revivir el acontecimiento como si sucediese en el presente, lo que se denomina *episodio de recuerdo disociativo*. Durante este episodio la persona reacciona como si estuviese de nuevo en la situación traumática e insoportable. Algunas personas, lugares o estímulos (como un ruido fuerte) sirven de gatillo para disparar estos episodios disociativos.

Todo ello implica angustia, preocupación, ansiedad y nerviosismo intensos durante al menos un mes, aunque si no se interviene sobre ello puede durar años. Estos recuerdos vuelven de manera recurrente y desgastan emocional, psicológica, física y socialmente a quien los padece. La culpa suele ser característica del sufrimiento generado por sus acciones durante el suceso, o por haber sobrevivido cuando otras personas no lo hicieron. Los acontecimientos que potencialmente pueden causar a alguien un TEPT son las guerras, desastres naturales, agresiones físicas, abusos sexuales o accidentes graves. Como podrás imaginar, la persona con TEPT intentará evitar cualquier cosa o situación que le recuerde al trauma, lo que puede aislarla y deteriorar su funcionamiento habitual. El

TEPT es un factor de alto riesgo para el abuso de sustancias, desarrollar otros trastornos mentales, especialmente depresivos o ansiosos, y para la experiencia suicida. El TEPT tiene distintos síntomas:

- *Síntomas de intrusión.* Esto son los recuerdos indeseados que vuelven una y otra vez a su memoria, las pesadillas, los *flashbacks* o la angustia al exponerse a algo que le recuerde al evento traumático, por ejemplo, subir a un coche después de un accidente de tráfico grave.

- *Estado de ánimo y pensamiento negativos.* La sintomatología depresiva, la culpa respecto al evento traumático o sentir solamente emociones dolorosas como el miedo o la vergüenza ahondan en el sufrimiento de la persona con TEPT. En ocasiones puede sentirse desconectada de los demás o emocionalmente anestesiada, o sufrir amnesia disociativa, que le impide recordar partes importantes del trauma.

- *Estado de alerta.* Se asusta con facilidad, tiene insomnio o dificultades para prestar atención. A menudo las personas con TEPT parecen estar constantemente alerta por si surge un peligro o, por el contrario, se involucran en situaciones peligrosas sin sopesarlo mucho. Además, pueden reaccionar de manera muy intensa mediante estallidos de miedo o ira descontrolada.

2.6. Otros diagnósticos comunes

Trastornos del neurodesarrollo. TEA Y TDAH

Los trastornos del neurodesarrollo hacen referencia a un amplio abanico de diagnósticos que afectan al desarrollo normativo de una persona, generalmente menor de edad. Aparecen durante la infancia y alteran el desarrollo del funcionamiento personal, social y académico. Las personas con un trastorno del neurodesarrollo tienen dificultad para adquirir, conservar o aplicar habilidades específicas, lo que está relacionado con las funciones cognitivas como la atención, la memoria, la percepción, el lenguaje, la resolución de problemas o la interacción social. Dos trastornos son característicos: los trastornos del espectro autista y el trastorno por déficit de atención e hiperactividad.

Hasta hace unos años los *trastornos del espectro autista* (en adelante, TEA) se subdividían en distintos tipos (seguro que has oído hablar del síndrome de Asperger), pero en la actualidad se considera una gama de trastornos, ya que la gravedad o las manifestaciones varían ampliamente. Comienza en los primeros años de la infancia y aunque es una condición para toda la vida, la evolución dependerá de la intervención que reciba cada persona. Las personas diagnosticadas de TEA se relacionan diferente a la normativa social, comunicándose de manera distinta o no comunicándose en absoluto, se comportan, aprenden o interactúan de forma única y particular. A menudo su forma de pensar y actuar es rígida, restringida o repetitiva, enfocándose en diversos intereses o actividades. Esto puede provocar a la persona problemas personales, emocionales, sociales o conductuales graves, llegando a autolesionarse. Cuando no se aborda adecuadamente, esto puede interferir notablemente en el futuro personal, social y académico-profesional. La autonomía y adquisición de destrezas varía de una persona a otra: unas personas pueden requerir gran apoyo en su vida diaria, mientras que otras son totalmente independientes. Los TEA y la discapacidad intelectual, por tanto, son cuestiones diferentes.

Por otro lado, el *trastorno por déficit de atención e hiperactividad* (en adelante, TDAH) tiene su inicio en la infancia y puede afectar incluso durante la edad adulta. Contrariamente a lo que se suele creer, el TDAH no es «simplemente mala conducta», pereza o nerviosismo, pues tiene fundamentos neurológicos bien establecidos. Se caracteriza por una falta de atención, impulsividad e hiperactividad, pudiendo predominar uno de estos síntomas sobre los demás o darse una combinación de ellos. En menores se dan síntomas diferentes de los adultos: los niños y niñas con TDAH tienen dificultades para mantener la atención durante largos periodos de tiempo, actúan de manera precipitada o presentan una actividad motora excesiva, por lo que en la escuela, por ejemplo, pueden tener problemas para estar en silencio o sentados. En personas adultas, sin embargo, los síntomas pueden ser de inquietud, nerviosismo, dificultad para concentrarse, cambios de humor, impaciencia, incapacidad para terminar tareas o dificultades sociales. La población con TDAH tiene un alto riesgo de desempleo, desarrollo de otros trastornos mentales (especialmente trastornos del estado de ánimo y ansiedad), abuso de sustancias, criminalidad y experiencias suicidas.

TRASTORNOS DE LA CONDUCTA ALIMENTARIA

Existen distintos tipos de *trastornos de la conducta alimentaria* (en adelante, TCA), presentando todos ellos una alteración de los comportamientos relacionados con la alimentación, y un perjuicio sobre la salud física y/o el funcionamiento psicosocial, debido también a la prolongación en el tiempo de estas conductas. Impide que la persona se desenvuelva con normalidad en su día a día, pues afecta también a su rendimiento académico o laboral, e interfiere en sus relaciones familiares y sociales. Generan un gran sufrimiento emocional para la persona, pudiendo desarrollar otros trastornos mentales, y suponen un riesgo añadido para la aparición de enfermedades físicas. Los TCA característicos son la anorexia nerviosa, la bulimia nerviosa y el trastorno por atracón.

La persona con *anorexia nerviosa* teme de manera patológica la obesidad, por lo que mantiene un esfuerzo incesante para mantenerse delgada, presentando un peso corporal peligrosamente bajo. Su percepción corporal está distorsionada, y debido a este miedo a engordar restringe la ingesta de comida. Llegado el caso, la gravedad de este trastorno puede ser tal que se produzcan daños irreversibles en algunos órganos e incluso la muerte.

Generalmente no conocemos la diferencia con la *bulimia nerviosa* y coloquialmente empleamos ambos términos; recordemos que el lenguaje puede ser muy estigmatizante y en ningún caso debe emplearse para hacer comentarios ofensivos sobre la corporalidad de ninguna persona. A diferencia de la anorexia, la persona con bulimia nerviosa presenta episodios recurrentes de grandes atracones de comida, seguidos de conductas que buscan compensarlo. Estas conductas compensatorias pretenden compensar el exceso de alimento o interrumpir su absorción, y pueden ser de distintos tipos: ayuno, ejercicio intenso o purgas mediante el uso de laxantes o provocándose el vómito.

Finalmente, el *trastorno por atracón* se caracteriza por episodios recurrentes en los que la persona siente que pierde el control mientras ingiere una cantidad desproporcionada de comida y a una velocidad inusual. A diferencia de la bulimia nerviosa, después de un episodio de atracón no se produce ninguna conducta compensatoria.

TRASTORNO OBSESIVO-COMPULSIVO (TOC)

La persona con un *trastorno obsesivo-compulsivo* (en adelante, TOC) presenta obsesiones, que son pensamientos, impulsos o imágenes que aparecen de manera recurrente, persistente y no deseada, que se viven con gran angustia y se perciben como intrusivas. Para combatir las obsesiones y disminuir el malestar que generan, la persona se siente impulsada a realizar una serie de conductas o actos mentales repetitivos; esto son las compulsiones, también llamadas rituales. Las compulsiones son excesivas y se realizan voluntariamente para neutralizar las propias obsesiones. El tema predominante en las obsesiones suele estar relacionado con la exposición a un daño o peligro para uno mismo o para los demás.

Las obsesiones son difíciles de ignorar o de reprimir sin realizar las compulsiones. El impacto emocional es tan grande que puede desembocar en otros trastornos mentales, como la depresión, la ansiedad o el consumo de tóxicos en un intento de automedicarse para gestionar el sufrimiento. Entre las preocupaciones obsesivas más frecuentes se encuentran las relacionadas con la contaminación (por ejemplo, tocar algo nocivo o sucio y como consecuencia enfermar) y las relacionadas con las inseguridades y dudas (por ejemplo, preocupaciones por sufrir un robo).

En respuesta a este malestar se dan las compulsiones para controlarlo y aliviarlo. Por ejemplo, la persona puede lavarse con excesiva frecuencia las manos, o comprobar demasiadas veces si ha cerrado la puerta, o rezar constantemente para que las consecuencias de las obsesiones antes mencionadas no se produzcan. Otras conductas pueden ser ordenar los objetos siguiendo un ritual estricto, contar mentalmente, repetirse frases concretas o realizar ciertos actos siguiendo unas reglas rígidas. Las personas con TOC pueden ser o no conscientes de lo excesivo de sus compulsiones o de lo irreal de sus obsesiones, lo que puede ocasionar que trate de ocultarlo o realice sus rituales en secreto. Tanto las obsesiones como las compulsiones son absorbentes para la persona, dedicándole diariamente muchas horas, llegando a incapacitarla para funcionar con autonomía en todas las áreas vitales.

Más de la cuarta parte de las personas con TOC, y hasta dos terceras partes, presentan ideación suicida a lo largo de su vida, y entre el 10-13 % de ellas realizan un intento. El riesgo suicida aumenta si además la persona afectada presenta un episodio depresivo mayor.

PARTE 3: ADICCIONES

A cualquier persona nos gusta repetir una y otra vez aquello que nos agrada, nos hace felices o nos produce placer, por eso cualquier conducta, incluso las saludables, pueden ser potencialmente adictivas. Lo que distingue el hábito de la adicción es la cantidad de tiempo/dinero invertido, la intensidad y frecuencia con que se realice, y el grado de interferencia que provoque en la relaciones sociales, familiares y laborales. El comportamiento adictivo implica una pérdida del control para realizar una conducta, pues a pesar de ser consciente del perjuicio y las consecuencias negativas, la dependencia hace que no pueda dejar de hacerlo. Una persona adicta no puede dejar de pensar en aquello a lo que «está enganchada», orientando su vida alrededor de ello y, cuando no puede realizar la conducta adictiva, siente un gran malestar y desasosiego.

La dopamina es el neurotransmisor responsable de las conductas adictivas. El aumento de la dopamina provoca la misma sensación de euforia que produce la cocaína, aunque no solo las sustancias pueden generar este «subidón»: un encuentro sexual, un atracón de comida o un gasto de dinero aumentan los niveles de dopamina en el cerebro de las personas adictas. La persona no siempre es consciente de los efectos nocivos o contraproducentes de su adicción. Una vez establecida la adicción, la persona pierde el control y se vuelve dependiente, sufriendo el síndrome de abstinencia si no puede consumirse la sustancia o realizar la conducta adictiva. Sea cual sea la adicción, uno se habitúa a altas concentraciones de dopamina, lo que genera tolerancia y empuja a la persona a consumir más sustancia o a realizar con mayor intensidad, frecuencia o duración la conducta adictiva. Esto interfiere gravemente en la vida de la persona, su funcionamiento social, familiar y académico-laboral, así como en su salud física.

Se pueden desarrollar adicciones a sustancias tóxicas o a conductas. Generalmente las adicciones se dividen en función de si hay o no consumo de alguna sustancia. A su vez, la adicción a sustancias tóxicas puede distinguirse en sustancias legales (tabaco, alcohol, ansiolíticos) o ilegales (cannabis, cocaína, heroína, anfetamina, etc.). Las adicciones sin sustancias pueden ser psicológicas, sociales, a comportamientos o a objetos: compras, ejercicio físico, juego (ludopatía), trabajo, internet (redes sociales), videojuegos, sexo (incluido el consumo de pornografía y el cibersexo), cambios estéticos, etc.

Las personas adictas a una sustancia son más propensas a presentar politoxicomanía: adicción a distintas sustancias, como por ejemplo, alcohol, tabaco y cannabis. Sin embargo, las adicciones a conductas no presentan la misma frecuencia a otras adicciones; aun así, la ludopatía, por ejemplo, está relacionada con la adicción al alcohol.

Habitualmente las adicciones, tanto las químicas como las psicológicas, suponen una vía de escape desadaptativa para evadirse o resolver problemas, o para gestionar el malestar emocional que una situación le genere a la persona adicta. Por tanto, nadie elige tener una adicción: las personas adictas no son «débiles de carácter» o «hedonistas entregadas al placer y el vicio», como se suele decir de ellas. Cuando en una misma persona se produce una adicción y un trastorno de la salud mental, estaríamos hablando de una *patología dual*. El riesgo suicida de la población adicta a sustancias ilegales es hasta 17 veces mayor que en población general.

El consumo del alcohol, por uso o por abuso, incrementa considerablemente el riesgo suicida: alrededor de una tercera parte de los suicidios consumados y de los intentos de suicido están relacionados con el consumo de alcohol previo a la conducta suicida. En ocasiones esto se debe al efecto desinhibitorio que tiene, impulsando a la persona con ideación suicida a realizar un intento de diversa letalidad. Cuando hay dependencia al alcohol el riesgo aumenta: entre el 30-49 % de las personas que realizan un intento de suicidio bajo los efectos del alcohol son adictas a esta sustancia tan socialmente aceptada en nuestra cultura.

La ingesta de alcohol puede propiciar o impulsar la experiencia suicida por diversos motivos. Primero, por el incremento de la agresividad e impulsividad durante la intoxicación etílica. Segundo, por el aumento del malestar psicológico que la propia embriaguez produce. Tercero, por las expectativas que favorecen el paso de la ideación al acto suicida. Y, finalmente, por la afectación cognitiva respecto a la capacidad de enfrentarse a problemas y puesta en marcha de habilidades de afrontamiento eficaces, cuya presencia supone factores protectores y su ausencia, factores de riesgo precipitados por el consumo de alcohol.

* * *

Después de leer este capítulo has terminado la parte «de teoría» de este libro. Ahora conoces mucho mejor cuál es la realidad de la persona que se encuentra inmersa en una experiencia suicida, desde la ideación suicida y las autolesiones a los actos suicidas. Has interiorizado los factores que influyen en el desarrollo, mantenimiento y agravación de su sufrimiento, y los factores que pueden prevenir su aparición o empeoramiento. Comprendes que el suicidio es una realidad humana que existe casi desde el origen de los tiempos de manera universal, y que los mitos y el estigma solo entorpecen la búsqueda de ayuda. Sabes que no hay salud sin salud mental, y eres capaz de reconocer los signos y síntomas característicos de los trastornos mentales más prevalentes. Toda esta información no solo te hace más sabio o sabia, sino que, además, te otorga la herramienta más importante para ayudar: el conocimiento y, consecuentemente, la empatía, pues ahora puedes ponerte fácilmente en los zapatos de la persona con experiencia suicida y ver el mundo como lo ve él/ella.

Si la información es poder, ahora ha llegado el momento de aprender a utilizar esta herramienta para, efectivamente, poder ayudar eficazmente a quien necesite de tus conocimientos y habilidades. En los próximos capítulos aprenderás lo que ayuda y lo que no ayuda tanto a la persona con experiencia suicida como a las personas de su entorno, cómo y cuándo emprender qué acciones, y a quién acudir en busca de ayuda profesional.

El capítulo 6 está planteado para que puedas ayudar a la persona con experiencia suicida. El capítulo 7 está planteado de forma que tal vez la persona con experiencia suicida no sea cercana a ti, pero sí lo sea un familiar o allegado, por lo que ayudar a su círculo cercano sea una manera de ayudar a la víctima. Tal vez tú seas la persona que ahora mismo está atravesando una experiencia suicida, por lo que el capítulo 8 probablemente sea tu mayor herramienta; si tú no eres quien está en esta situación, ese capítulo te ayudará a empatizar y conectar con la persona, y te servirá de herramienta añadida a los capítulos anteriores. Finalmente, el capítulo 9 está dirigido al apoyo de familiares y personas allegadas de una víctima de suicidio, pues saber acompañar a alguien durante el duelo también es realmente importante.

Comienza la parte práctica de esta guía. ¡Practiquemos, pues!

Capítulo 6.
Herramientas para ayudar a una persona con experiencia suicida

Tú y yo vamos a emprender este salto del dicho al hecho, yendo de la teoría a la práctica, y pasaremos a la acción para salvar la valiosísima vida de quien necesite tus conocimientos y cualidades. A partir de esta página eres un **agente de ayuda**, este es tu nuevo rol, y en las próximas líneas encontrarás las herramientas que necesitas para brindar apoyo de calidad. Igual que los socorristas están atentos por si necesitan lanzar un flotador, tu saber hacer y saber estar serán los salvavidas que arrojes para que nadie se ahogue. En el capítulo 8 hay una serie de materiales y pautas para la persona con experiencia suicida: leerlas te dará ideas «extra» y te ayudará a ayudar, así como animarle a leer esta guía. Si eres la persona con experiencia suicida, este capítulo te ayudará a comunicarte mejor con quien sea de tu confianza para pedir apoyo: toma las siguientes páginas como un tutorial para aprender juntos, esa persona —agente de ayuda— y tú, a ayudarte.

Hay un elemento crucial aquí: el amor. La ayuda viene siempre desde el amor, y se expande con el impulso que suponen la ilusión y la esperanza. Hablar de muerte, prevenir o intervenir en un suicidio puede entristecer o asustar; estas reacciones son naturales,

¡normal que tengas miedo de perder a alguien que te importa! Por eso sigues leyendo, porque quieres evitarle a alguien más sufrimiento o lamentar una pérdida. Ese miedo también viene del amor hacia tu ser querido y del respeto hacia su vida, así que el amor va a ser el motor que te mueva y te dé fuerza.

Si sospechas que alguien está en riesgo, abordar el tema puede dar vértigo, pero hablar de suicidio puede, precisamente, prevenir uno. Recuerda que no estás solo o sola en esta tarea de impedir un suicidio. Hay muchas entidades, recursos y profesionales que se dedican a esto y a quienes debes acudir siempre. De hecho, el mantra de uno de estos profesionales, Pedro Martín-Barrajón (Psicólogos Princesa 81), es «El suicidio no es culpa de nadie, pero es responsabilidad de todos». Acertado, ¿verdad? Ten esto en mente para saber que eres un punto de apoyo muy grande y, además, que puedes (y debes) encontrar otros puntos de apoyo, profesionales y no profesionales.

Mi abuela Mary Fonseca solía decirme «Paula, debes prestar tu ayuda a quien la necesite, incluso si no la quiere. Si necesita ayuda y puedes dársela, hazlo». Puede que la persona en riesgo suicida no pida ayuda, pero eso no significa que no la necesite; tal vez incluso te diga eso de «No te preocupes, estoy bien, se me pasará, es una mala racha», pero si tus tripas te dicen lo contrario, haz caso a tu instinto. Si alguien te preocupa, ocúpate. Ten siempre presente que una persona que considera el suicidio no desea morir, sino dejar de sufrir, desea una vida diferente, plena, satisfactoria. La prevención del suicidio empieza cuando se detectan señales de alarma.

En un asunto tan delicado como este es relativamente fácil meter la pata por no saber qué hacer y dejarse llevar por los nervios. A continuación aprenderás lo primero, mantener la calma será más fácil ahora que sabrás cómo actuar. El norte en tu brújula debe ser la empatía: ponte en su piel y pregúntate qué necesita esa persona. Empezaremos por conocer aquellas cuestiones que no ayudan, siguiendo con las herramientas que sí ayudan, entre ellas, la actitud y los primeros auxilios psicológicos. Finalmente, aprenderás qué hacer ante una situación de emergencia que requiera una rápida intervención, y qué hacer en caso de que una llamada telefónica sea lo que puede salvar la vida de quien está al otro lado de la línea.

1. Lo que NO ayuda

1. **Nunca, nunca, nunca ignores las señales de alerta.** Una amenaza, una broma, un comentario sarcástico o cualquier indicio que te haga saltar las alarmas no debe pasarse por alto. Es mejor «pecar de precavido» que lamentar una pérdida. Puede que hayas encontrado que la persona se autolesiona y que eso te inquiete o te haga pensar que «no pasará de ahí». Presta atención también a esto, pues se han dado casos de personas a quienes se les fue la mano o calcularon mal con sus autolesiones y, sin querer realmente acabar con su vida, fallecieron.

2. **No hagas como si nada.** Si alguien te ha contado su ideación, o si la has detectado, no le dejes solo con su sufrimiento. Confía en ti mostrándote su vulnerabilidad, pero si cambias de tema o sigues haciendo lo que estuvieras haciendo es como si le dices «me da igual». Hay una persona que se encuentra en una situación que no sabe gestionar, que sufre, que ha superado la barrera de pedir ayuda y necesita que alguien le tienda una mano amiga, no que la ignore.

3. **No le restes importancia o minimices el riesgo.** Cada persona sufre por diferentes motivos y quien te está contando los suyos no necesita que la ridiculices, que respondas con frivolidad o que banalices su dolor. Tampoco discutas con ella, le hagas reproches o le hagas comentarios «moralizantes». Dar lecciones sobre lo bello que es vivir o lo dura que es la vida para todo el mundo puede escocer tanto como lanzar un comentario con cualquiera de los mitos que hemos conocido en el tercer capítulo. «¿Esto es porque te han echado del trabajo? No sé por qué te pones así, no es para tanto, ¡será

por trabajos!». Por supuesto, no le culpes o le responsabilices de encontrarse en esta situación: recuerda que la experiencia suicida se compone de múltiples factores.

4. **No impidas que exprese o exteriorice sus emociones**. Independientemente de su edad, de quién sea, de cuándo o dónde sea, si alguien sufre y tú decides acompañarle en su emoción, debes hacerlo con respeto, congruencia y amor. Cuando hay mucha tensión interna sucede el efecto olla exprés: o sueltas presión, o explotas. Si necesita llorar, deja que llore. Decirle a alguien que no llore es decirle que está mal que se sienta así o que lo exprese, y nada más lejos de la realidad: los nudos en la garganta están hechos de todo lo que no se dice o se llora, así que ¡mejor fuera que dentro! Que alguien se muestre vulnerable en tu presencia es un privilegio: atiéndelo como tal.

5. **Basta de «consejitos de mierda»**. Así llamo a los comentarios y propuestas de doble filo, vacíos de intención y comprensión. «No te ralles», «Tranquilízate», «Hay más peces en el mar» y otras frases hechas que dicen más de la persona que lo dice que de quien lo recibe. El positivismo tóxico y los mensajes que acompañan una foto cualquiera en una red social cualquiera pueden ser realmente dañinos. Todavía no he conocido a nadie que se haya calmado cuando estando nervioso le hayan dicho «Oye, cálmate», o que haya dejado de preocuparse cuando le han dicho «No te preocupes», o que su estado de ánimo haya mejorado repentinamente cuando alguien le haya dicho «Venga, ¡anímate!». De verdad que no. Los consejitos de mierda invalidan el sufrimiento, culpabilizan, ridiculizan y aíslan a la persona, pues de esta manera se sentirá incomprendida y dejará de buscar ayuda. Imagina que buscas ayuda y recibes esto. ¿Verdad que no sienta bien? Los consejitos de mierda solo empeoran la situación, así que dejemos de darlos y respetemos las emociones ajenas. Tampoco sirven las soluciones simplistas u obvias o intentar resolver con actitud paternalista sus problemas en un momento, pues pueden provocar sentimientos de incomprensión, soledad, vergüenza o incapacidad.

6. **Desafiar, provocar o dar un ultimátum**. Retarle o coaccionarla no va a funcionar nunca; es más, posiblemente deje de

contar contigo y siga con sus síntomas, autolesiones o ideación suicida en silencio, esforzándose en ocultarlo. Además, si la persona lo consigue, no solo te sentirías culpable toda tu vida, sino que además cargarías con consecuencias legales.

7. **Contar tu propia historia o comparar la suya con la de otra persona.** Por querer animar a veces contamos nuestra experiencia, o la de alguien conocido, para hacer ver que le entendemos o que «se puede estar peor», pero lejos de mostrar empatía consigue lo contrario. Esto no solo ignora la experiencia de la persona, sino que la invalida, haciéndole ver que «no tiene motivos para estar así». Alguien que necesita ayuda necesita hablar y expresarse, no callarse para escuchar lo que le pasó a otra persona. Imagina que le cuentas a alguien una preocupación que tienes y te responde «Pues fulanito está peor que tú», o «lo mío sí que fue grave, lo que me pasó fue que...». Seguramente te enfadaría, te haría sentir culpable o sentirías que no te escucha.

8. **No mientas o prometas algo imposible.** Anímale a buscar otras alternativas, pero no le prometas algo que no vas a poder conseguir luego, pues romper tu palabra genera desconfianza, soledad o rechazo. Esto incluye la confidencialidad, pues si tienes que elegir entre la vida y la confianza de alguien, ante todo elige su vida.

9. **No intentes hacerlo sin ayuda.** Por muy bien que la conozcas, por mucho que creas que no le vas a faltar jamás o por mucho que confíes en que «podéis salir juntos de esta», salvar una vida implica una red de apoyo. Esa red está tejida entre profesionales, familiares, colegas, compañeros/as del trabajo o de clase... Nadie es responsable de la felicidad de otra persona, sino que cada uno se responsabiliza y toma las riendas de su vida y, cuando las pierde, necesita que le ayuden a volver a tomarlas, no que alguien las tome y dirija. De esta última manera estaríamos actuando desde la sobreprotección o el paternalismo, transmitiendo un mensaje de dependencia similar a «sin mí no puedes, me necesitas».

10. **No seas inconstante o incongruente.** El compromiso de ayudar a alguien no se reduce a una tarde o un día, sino que re-

quiere un acompañamiento a lo largo del tiempo. Sé paciente y no presiones ni agobies. Mantente alerta, monitoriza qué tal se siente y transmítele que sigues a su lado.

2. Actitud y herramientas de ayuda

Carl Rogers, padre de la psicoterapia humanista, proponía trabajar centrándose en la persona, y es lo que haremos para ayudar a alguien que atraviesa una etapa de intenso sufrimiento: centrarnos en ella y en el vínculo que para ello habrá que generar. Este vínculo se forja gracias a la actitud auténtica de interés genuino por conocer el universo emocional de la persona que tenemos delante. Para ello será necesaria la escucha activa, que le haga sentir que en todo momento hemos sintonizado su canal y tiene toda nuestra atención, respeto y aceptación incondicional. No es fácil hablar del dolor propio, por lo que su confianza y sinceridad es un preciado regalo que nos hace y así lo debemos transmitir. Lo que digamos, lo que no digamos, cómo lo digamos y hasta nuestra comunicación corporal deben emitir un mensaje continuo: «Sé que esto es difícil, y por ello agradezco el valor de contármelo y contar conmigo para apoyarte. Estaré a tu lado, dispuesto a escucharte, a comprenderte y a que, juntos, encontremos la manera de salir de esta situación». En el cuarto capítulo hablamos de la importancia de la empatía, la escucha activa y la comunicación asertiva: vamos a ver cómo ponerlo en práctica.

Puedes no saber qué hacer: está bien, ¡no tienes soluciones para todo! El hecho de querer ayudar, escuchar y acompañar amablemente es tan valioso como el mejor de los consejos. También puede suceder que no entiendas lo que la persona te dice porque nunca te hayas sentido así, no conozcas otros casos o nunca hayas tenido esos síntomas. Por ejemplo, es difícil transmitir cómo fue una experiencia psicótica y comprenderlo al principio, especialmente si nunca lo has vivido;

sin embargo, la clave está en comprender la emoción que lo subyace: el miedo, la soledad, la desesperanza, la angustia, la tristeza, el rechazo... Y con eso sí puedes tener una comprensión empática de la situación, ¿verdad?

Junto a la actitud de profunda comprensión de la persona será crucial estar disponible para establecer esta relación de ayuda. Quien atraviesa una experiencia suicida necesita saber que hay alguien dispuesto y disponible para prestar su apoyo, lo que va a reescribir su baja autoestima o ese pensamiento de «no le importo a nadie». Tu presencia va a romper su aislamiento, devolviéndole este sentido de pertenencia. Probablemente lleve una larga temporada sintiéndose mal, por lo que esto va a requerir tiempo y dedicación. En este periodo acompañarás a la persona a no tomar una decisión extrema y a reflexionar con calma para encontrar alternativas. Algunas de las más importantes serán la expresión y gestión de sus emociones, hablar abiertamente del suicidio, encontrar nuevas fuentes de motivación, y la (re)construcción de sus relaciones sociales de manera que sean suficientemente sólidas para apoyarle e impulsarle.

Quien se plantea el suicidio está haciendo una resolución (errónea) del problema que ahora le genera un sufrimiento vivencial. Nadie tiene como «plan A» el suicidio, y quien toma la decisión de suicidarse hasta el último momento buscará otras alternativas que se sienta capaz de llevar a cabo para tener una vida que merezca la pena ser vivida. Como su capacidad de afrontar problemas puede verse afectada, tu acercamiento comprensivo a su situación incluirá tres criterios: primero, velar por su seguridad física y emocional; segundo, comprender los factores de riesgo y precipitantes que le han llevado a considerar el suicidio; y tercero, gestionar y resolver los problemas y factores influyentes. La misión, entonces, es generar esperanza de que la persona puede producir un cambio, construyéndolo gracias a sus fortalezas. Para ello encontraremos motivos para vivir, estableciendo objetivos que la persona desee conseguir. Si un objetivo o un problema es demasiado grande, imagina que es una *pizza* de tamaño familiar: es imposible abarcarla entera y comerla de un bocado, así que primero habrá que cortarla en porciones más pequeñas. Estas porciones tampoco se pueden comer de un bocado sin atragantarse, así que habrá que ir mordisco a mordisco avanzando, masticando bien y a un ritmo adecuado para que no se nos haga bola. Además, será importante apreciar los avances y progresos: está bien ser consciente de lo que aún falta (¡a veces somos demasiado dados a fijarnos en eso!), pero también de las porciones que ya hemos comido. Se han escrito decenas de libros sobre estrategias de afrontamiento y resolución de problemas. En el capítulo 8 encontrarás uno de tantos métodos: ese puede ser un buen comienzo.

Es fundamental tomarse en serio cualquier manifestación que te haga sospechar, porque ahora conoces los factores influyentes y las señales de alarma a las que atender. Si crees que alguien está en riesgo, tal vez quieras consultar con otras personas de su entorno (familia, amistades, compañeros/as del trabajo, terapeuta...), aunque lo ideal es que puedas hablar directamente con él/ella. No evites el tema, sino al revés, mantén la calma e invítale a abrirse.

«Me preocupa alguien, sospecho que está atravesando una etapa difícil y he visto señales de alarma, pero... ¿cómo abordo el tema con él/ella?».
Incluso si tienes dudas de si la persona tiene pensamientos suicidas, tal vez te asuste, y la manera de salir de dudas es preguntando. Cuanto antes, mejor. Es verdad que «dar el primer paso» puede ser difícil; hablar de suicidio no le empujará o dará ideas a nadie, sino que, como hemos hablado, permite romper el silencio y poner en palabras lo que siente la persona que lo está considerando. Tal vez creas que va a ser una conversación incómoda, pero al contrario, puede que sea liberador y alivie parte

de la presión o del malestar, ya que ofrecerle un espacio seguro para poder expresarse libremente con alguien que se interesa, a menudo supone un punto de inflexión. Es una oportunidad única, y tal vez incluso sea la única oportunidad, ¡así que saca a relucir tus cualidades empáticas! No temas hablar con naturalidad de la tristeza, el miedo, el enfado, la vulnerabilidad, ni mucho menos hablar de suicidio. Que no te dé miedo utilizar esa palabra: dar vueltas alrededor utilizando términos confusos o eufemismos («hacerse daño», «pensar en lo peor», «plantear una solución drástica») pero sin aterrizar sobre la palabra SUICIDIO transmite que nos da miedo o no nos sentimos con seguridad suficiente para hablar de ello, por lo que la persona puede sentir que no podrás sostener lo que tenga que contarte y probablemente elija no contártelo, o narrar una versión descafeinada de lo que le sucede.

Abrir este melón puede ser la parte más difícil. Te recomiendo comenzar expresándole lo que tú sientes, piensas o percibes sobre él/ella («Estoy preocupada por ti», «Últimamente te noto diferente y eso me hace pensar», «Me gustaría saber cómo estás, porque tengo la sensación de que algo no va bien»). Observa lo que te dice, cómo te lo dice, su tono de voz, dónde dirige la mirada... Si le cuesta abrirse, utiliza palabras amables para transmitirle que estás a su lado y puede contar contigo («¿Hay algo que te preocupe últimamente?», «Estoy a tu lado, y lo que te importe a ti me importa a mí», «¿Cómo puedo ayudarte?»). El contacto físico puede facilitar el contacto emocional: apoya una mano en su hombro o su rodilla, toma su mano o acompaña tu mensaje con algún gesto que le transmita seguridad, intimidad y confianza.

Cuando empiece a contarte, fíjate en lo que sutilmente se pueda esconder tras lo que te diga. Por ejemplo, tras un «Estoy tan cansado/a», o un «Siento que no puedo más» puede haber una necesidad de expresar su sufrimiento e ideas suicidas, pero por miedo no se atreva a contarlo. Pregunta, con tanta seguridad como cercanía, si es así: «Y este cansancio, ¿hace que hayas pensado alguna vez en el suicidio?», «Sientes que no puedes más, y me pregunto si tienes ideas suicidas», «Debe de ser difícil gestionar lo que sientes; tal vez hayas considerado incluso el suicidio». Y escucha con atención, con interés genuino y con mucho, mucho cariño, pues seguramente sea lo que necesite que le transmitas para poder contártelo. Escucha sin juzgar, que tu expresión corporal transmita aceptación y que tu actitud transmita esperanza. Su bienestar y su vida te importan, y así debe sentirlo.

Sé tú mismo/a y actúa con honestidad: si la otra persona percibe condescendencia, paternalismo o distancia emocional, posiblemente se aleje. La comprensión sincera se percibe no solo por lo que digas, sino por el contacto visual, con una mirada que transmita calidez, y por la disponibilidad física y emocional que perciba la otra persona. Si no sabes qué decir pero sientes que debes decir algo, NO LO HAGAS. Los silencios también pueden ser muy elocuentes: el mejor acompañamiento es aquel en el que se está presente, y diciendo sin palabras «Estoy a tu lado, cuenta con mi apoyo». En esta escena se trata de atender a las necesidades de la otra persona, no las tuyas. Y si necesita llorar, deja que llore y lo saque todo. Valida sus emociones y acepta cómo las exprese, hazle saber que tiene derecho a sentir lo que siente, que puede contarte más para ayudarte a ponerte en su piel y comprender aún mejor su vivencia, que reconoces su dolor y que esta es una gran oportunidad para aprender juntos a gestionarse emocionalmente. Es importante que sienta que hay esperanza para producir un cambio.

A continuación te dejo un decálogo con lo que SÍ ayuda.

LO QUE SÍ AYUDA: ESTRATEGIAS PARA AYUDAR A UNA PERSONA QUE ATRAVIESA UNA EXPERIENCIA SUICIDA

1. **Acompáñala en todo momento.** Dejar sola a una persona que está valorando el suicidio no es una buena idea, ya que en un momento de tanta vulnerabilidad como este hay que velar por su integridad física y emocional. Esto no significa que haya que ejercer un control rígido o sobreprotección, sino que la persona deje de llevar en silenciosa soledad su experiencia, que pueda abrirse y expresarse con alguien de su confianza, para lo cual necesita contar efectivamente con un hombro en el que apoyarse. Tu implicación es vital, literalmente, así que debes transmitirle que estás disponible siempre que te necesite. Si se da una crisis intensa debes estar físicamente ahí para evitar que lleve a cabo un intento suicida.

2. **Valora el riesgo de la situación.** Háblalo directamente con la persona, y evalúa los factores de riesgo y precipitantes que pueden estar empujando a la persona a esta situación. Tal vez esta sea la única ocasión que tengáis de hablar para evitar que sea la última vez que habléis, así que pregunta abiertamente y analiza las siguientes variables: si tiene intención de suicidarse, si tiene un plan, si tiene los medios para llevarlo a cabo y si sabe cuándo lo va a hacer. Pregúntale si ha pensado dónde hacerlo, si ha escrito una carta de despedida, si hay algo que se lo impediría, si ha decidido un método concreto, si ha tomado alguna precaución para que no le encuentren o para asegurar la letalidad, o si ha puesto en marcha alguna conducta autolesiva. Cuantas más respuestas afirmativas, mayor es el riesgo.

3. **Retira todo lo que pueda servir para autolesionarse o empeorar la situación.** Aleja de su alcance medios con los que pueda llevar a cabo un intento autolítico: armas, fármacos, llaves del coche, sustancias tóxicas... Si la persona toma medicación tal vez puedas, temporalmente, guardarla bajo llave y gestionársela tú, especialmente si ha tenido antecedentes de intento suicida por sobreingesta. Llega a acuerdos con la persona, tomando decisiones por consenso para cuidar de su salud y

prevenir un intento suicida. Si no vives con la persona puedes ofrecerle un espacio físico seguro, como invitarle a pasar el finde en tu casa. Incluso si no acepta, el hecho de saber que alguien le ofrece este lugar seguro que puede consolar o aliviar parte del malestar.

4. **Encontrad soluciones prácticas**, aunque sean pequeñas o temporales. Puedes ofrecerle ayuda en tareas que no se siente capaz de afrontar solo, o en tareas que, con apoyo, le resulten menos complicadas, o acompañarle en actividades cotidianas, pues a veces las rutinarias pueden suponer un mundo. Si se siente sobrecargado y sobrepasado, tal vez la ayuda venga aportando descansos, relevando algunas funciones para facilitar que tenga parte del tiempo libre que esté necesitando. Ayúdale a elaborar la resolución de problemas, el plan de seguridad u otras técnicas que encontrarás en el capítulo 8.

5. **Facilita que pueda relativizar** la situación o sus emociones. Aunque haya razones de peso que legitimen su sufrimiento el suicidio es una solución permanente a un problema que a menudo es temporal. Este cambio de perspectiva se produce a menudo ubicando el locus de control en ese momento y el locus de control ideal para gestionar mejor el impacto emocional que el problema tiene. Que no se le ocurran más soluciones no significa que no las haya, por lo que anímale a aplazar el suicidio y, mientras, encontrar nuevas vías para resolver el conflicto vivencial. Que hoy, esta semana, este mes o el tiempo que lleve mal no significa que vaya a estarlo siempre. Tomar un poco de distancia del problema ayuda a verlo desde otra perspectiva y enfocarlo de manera diferente.

6. **Gana todo el tiempo que puedas.** Relacionado con lo anterior, si la persona está considerando el suicidio o cualquier acto que le pueda perjudicar, anímale a posponer esa decisión. Lo puedes plantear como una paradoja: «Danos tiempo, a ti y a mí, para encontrar una solución; el suicidio es una opción, pero tienes toda la vida para suicidarte, así que primero me gustaría que encontrásemos otras opciones». En este tiempo que ganes podrán entrar en juego otras personas de su entorno y profesionales que le ayuden, así que insiste en aplazar el plan suicida.

7. **Las razones para vivir superan los momentos difíciles.** Existen motivos para seguir viviendo; de hecho, la incertidumbre es un motivo por el que ha aplazado el suicidio todos los días, por lo que si ahora mismo no es capaz de encontrar estas razones, juega con esa incertidumbre para encontrar nuevas razones. Le puede ayudar pensar en personas, entidades o situaciones que le hayan ayudado en anteriores momentos de dificultad: hobbies, metas en el futuro, familiares, trabajo, proyectos... Hay personas cuya razón de vivir fueron sus animales o sus plantas hasta que encontraron más motivos que les ayudaron a salir adelante. No desestiméis ninguna alternativa. Permite que insista aquí en tener cuidado con moralizar o dar consejitos de mierda que puedan lograr el efecto contrario.

8. **Sé proactivo/a.** Trae propuestas, planes e ideas que fomenten que la persona esté activa con una ocupación que para ella tenga sentido y sea significativa. Esto puede incluir retomar autocuidados físicos, del sueño, de la alimentación, actividades culturales, ejercicio físico, planes sociales... Encontrad objetivos semanales y diarios que vayan a mejorar su salud física, mental y social. Y recuerda que tan importante es la actividad como lo es el descanso: fomenta que también desconecte, encuentre momentos de relajación y periodos de tranquilidad. No se trata de estar «haciendo cosas para distraerse», porque evadirse no soluciona el problema. Además, la persona puede sentir que estamos frivolizando con su situación. La proactividad implica espontaneidad y parte de la energía que pueda faltar a nuestro ser querido, por lo que en lugar de preguntar «¿Qué puedo hacer por ti, qué te apetece hacer?», mejor sorpréndele con una propuesta que podáis llevar a cabo para que se sienta mejor: «He descargado esa peli que tanto te gusta, ¿hacemos palomitas y disfrutamos de una tarde de sofá y manta?». De otra manera, dejar mensajes al aire como «Si me necesitas, llámame» se quedarán, efectivamente, en el aire, pues la persona con experiencia suicida, si se siente una carga o está pasando por muchos síntomas, difícilmente nos llamará aunque nos necesite. Manda mensajes, llama, y si no lo coge, llama de nuevo un poco más tar-

de. Hazle saber que respetas su espacio y sus tiempos, pero que quieres estar a su lado. Incluso los actos espontáneos sientan fenomenal: coge algo que le guste (una comida, una prenda, un detalle personalizado) y llévaselo, «Pensé que esto te gustaría y podría animarte», ¡es poco probable que se moleste, y es posible que se sienta muy querido y valorado en ese momento! Nuestros esfuerzos no siempre surtirán el efecto deseado, pero no dejes de intentarlo. Proponle, incluso, tomar una responsabilidad que le pueda hacer ilusión. Si cuidar de animales o plantas son unos de muchos motivos para vivir, anímale a adoptar un animal que le haga sentir que el cuidado es mutuo, o a cultivar plantas que den frutas para que pronto podáis comerlas y disfrutarlas juntos. Buscad retos que le ilusionen, encontrad el lado creativo que despierte su imaginación y esperanza.

9. **Buscad ayuda**. Implicar a más personas de su entorno nutrirá su red de apoyo y hará más eficaz la intervención. Familiares, amistades, vecinos/as con los que tenga buena relación, gente de su equipo, compañeros/as de clase o del trabajo, de su comunidad religiosa... Cuanto mayor sea el número de recursos y medios para lidiar con algunos problemas o síntomas, y cuanto más a mano estén, mejor. Si la persona sigue algún tratamiento es importante que continúe con la medicación pautada y que visite lo antes posible a su profesional de referencia, psiquiatra o terapeuta. Si no está en ningún tratamiento, es primordial buscar ayuda profesional cuanto antes y encontrar conjuntamente una asociación, centro o profesional privado con el que quiera realizar su proceso de recuperación. Algunas personas pueden ser reacias a pedir ayuda profesional por el estigma y el tabú que dificulta el ir a psicoterapia, a psiquiatría, hospitales o a otros servicios de apoyo; igual que hemos roto con los mitos alrededor del suicidio, es importante romper con los mitos de asistir a estos recursos. Ni pensar en el suicidio es de cobardes, ni ir a terapia es de débiles. Si se nos contractura la espalda vamos al fisio, si nos rompemos un hueso, vamos al traumatólogo, si se nos rompe una muela, vamos al dentista, y si sentimos que algo en nuestra mente que no funciona como debe y duele, ¿cómo

no pedir ayuda a los distintos especialistas que cuidan de la salud mental? Existen además cada vez más grupos de ayuda mutua, personas que se encuentran en una situación similar y se apoyan, o que desde su experiencia en primera persona ofrecen acompañamiento y comprensión en el proceso de recuperación de quien lo necesite. Al final de este libro encontrarás algunos recursos de ayuda.

10. **Continúa con tu implicación.** Involucrarse ayudando a alguien implica tiempo, pues así como una persona no se ha encontrado de pronto en medio de la experiencia suicida, y así como puede llevar inmersa en ella un periodo largo de tiempo, salir de ello llevará un tiempo relativo. El apoyo a corto, medio y largo plazo da seguridad para (re)construirse en la estabilidad, y para ello nuestra presencia debe ser constante y consistente con las necesidades. Además, como el proceso de cada persona puede ser diferente, es importante observar de cerca su evolución y desarrollo, tanto para animar en los avances como para sostener en la prevención de recaídas. Que estés durante todo este tiempo le dará fuerzas para seguir en el camino de la recuperación.

Lo abordaremos en el siguiente capítulo, pero quiero que sepas que tu bienestar también es importante. Acompañar a alguien puede suponerte un desgaste al que necesitas prestar atención, así que tu deber también es cuidarte. Cuidarle y cuidarte. En este acompañamiento surgirán emociones complicadas que implican desgaste de energía. Encuentra tus descansos, espacios de distensión, equilibrio, personas en las que apoyarte, distracciones y situaciones que te den la energía para seguir. Tus emociones, tus necesidades y tu vivencia son importantes: no las desatiendas. No dejes que se consuma tu ánimo, pues entonces se consumirá también el ánimo de la persona a quien acompañes y el de tus seres queridos. Cuidar a los demás implica cuidarte. Es muy difícil ayudar a alguien a estar bien cuando uno mismo no está bien.

INTERVENCIÓN PSICOLÓGICA.
PRIMEROS AUXILIOS PSICOLÓGICOS

Ante una situación de máximo estrés e intenso malestar emocional, como puede ser una vivencia traumática o una crisis suicida, una persona sufre unas heridas psicológicas que requieren de atención y cuidado, igual que las heridas físicas que pueden surgir de la vivencia de dicha situación. Los primeros auxilios psicológicos (en adelante, PAPs) consisten en la aplicación de técnicas para atenuar las consecuencias de este sufrimiento emocional. La persona que proporciona esta atención a una víctima con secuelas psicológicas debe contar con una serie de herramientas, verbales y no verbales, que faciliten la reorganización y gestión emocional de la víctima. Así, en lugar de vendajes, sueros y medicamentos, la persona interviniente en una urgencia de este tipo lleva en su botiquín psicológico infinitas unidades de paciencia y cariño, aprecio por la vida de la víctima, un trato cálido y cercano; debe, además, llevar consigo la capacidad de que la persona desarrolle y potencie sus propias habilidades y recursos necesarios para regularse, así como adquirir las herramientas necesarias para afrontar de manera más eficaz futuras situaciones problemáticas para no volver a sufrir estas lesiones psicológicas.

Cada víctima responde de manera diferente ante la situación de urgencia, lo que dificulta en un principio la intervención. Por ejemplo, en las primeras fases puede encontrarse con un alto nivel de ansiedad, con respuestas emocionales muy intensas y lábiles, o en situación de *shock*. Los objetivos de los PAPs son aliviar el sufrimiento de la víctima, prevenir el desarrollo de un trastorno que afecte a la salud mental y promover la recuperación física. Buscan cuidar la integridad física y psicológica, para lo cual se debe escuchar empáticamente a la víctima y saber cómo responder durante un diálogo dirigido hacia la estabilidad y reorganización de su vida.

Mediante los PAPs la víctima debe sentirse acompañada, capaz de expresar sus emociones y su vivencia de la situación. Debe encontrar el apoyo para sobrevivir a la crisis y encaminar su vida tras ello. Si encuentras que alguien está sufriendo heridas emocionales, aplica los PAPs siguiendo estos cinco pasos:

1.° **Realiza el contacto psicológico.** Acércate, física y emocionalmente, para hablar con la víctima. Invítala a compartir contigo qué ha pasado, cómo se siente, qué piensa. Recuerda en todo momento mantener una actitud de escucha empática, interés genuino y aceptación incondicional. La víctima puede estar receptiva al contacto visual y físico que transmita apoyo y consuelo: un abrazo, posar tu mano en su hombro, sostener su mano... Para asegurarte de que no obtendrá el efecto contrario, pregunta antes con mucho respeto. Esto facilitará que la persona se sienta comprendida y sostenida, lo que a su vez favorecerá que disminuya la intensidad emocional y esté en disposición de encontrar soluciones alternativas.

2.° **Examinad las dimensiones del problema.** Permite que la persona te cuente qué ha precipitado esta situación y cuál era su funcionamiento habitual antes del incidente. Haz preguntas abiertas que permitan que la persona se explaye, y pídele que sea concreta en aquellos detalles que sean relevantes. Evalúa, además, el riesgo de suicidio y la letalidad de la crisis en curso. En esta fase debéis identificar sus necesidades inmediatas y a medio-largo plazo. Es importante que habléis de sus fortalezas, debilidades, recursos personales y recursos sociales, para después tomar una decisión en la siguiente fase.

3.° **Analizad posibles alternativas.** Averigua qué recursos ha puesto en marcha, cómo ha intentado solucionar el problema hasta ahora y qué obstáculos ha encontrado; en función de ello encontrad otras opciones, conductas, redefinición del problema o apoyos que la persona se sienta capaz de ejecutar ahora mismo. Poned en práctica un ejercicio de reformulación y resolución del problema. Ten en mente el locus de control desde el que puede estar funcionando la persona, cuáles son las prioridades, y si puede plantearse un cambio en el enfoque. Refuérzale cuando encuentre soluciones adecuadas, cuando plantee soluciones eficaces que le orienten al afrontamiento resiliente de su vivencia. No dejes que queden dudas de cómo hacerlo, asegúrate de que la víctima comprende el plan que estáis elaborando.

4.º **Ayúdala a llevar a cabo la acción concreta**. Estableced los pasos a seguir y por dónde debe empezar. En función del riesgo de suicidio deberás tomar una u otra actitud: si la persona se encuentra en riesgo bajo tu actitud debe ser facilitadora, pero si no es capaz de obrar pensando en su propio bienestar y su riesgo es alto, deberás tomar una actitud directiva, orientando con más ahínco o dando directrices y pautas. Ante todo debéis encontrar alternativas que puedan llevarse a cabo inmediatamente para afrontar y solventar las necesidades más inmediatas. Estableced metas claras a corto plazo, pues pensar a largo plazo o intentar encontrar solución a todo puede abrumar a la persona. Un paso y una meta cada vez para aseguraros de que irá por buen camino.

5.º **Realiza un seguimiento**. Estableced cómo vais a mantener el contacto, cómo seguirá recibiendo apoyo y a qué otros recursos o profesionales va a acudir. Debe tener claro cuál es el procedimiento a seguir y que tú seguirás a su lado para seguir planteando metas y alternativas. No dejes que algo quede en el aire o que la persona sienta que se estanca, hablad de cuándo y cómo puedes darle un «empujoncito» y que no vuelva a reabrirse la herida emocional. Por el contrario, la sobreprotección es tan perjudicial como el abandono. Agradécele la confianza que pone en ti y que cuente contigo, recuérdale que su vida y sus necesidades son importantes para ti, pero sobre todo, para sí mismo/a.

Los PAPs son cruciales cuando se detectan las señales de alerta, especialmente antes de que se produzca la conducta autolítica. Sin embargo, si el riesgo es inminente y la persona ha tomado una decisión firme o, incluso, te encuentras en la escena en que ha iniciado o está a punto de iniciar el intento suicida, las medidas a tomar son otras mucho más urgentes.

3. SI ES UNA EMERGENCIA QUE REQUIERE ACTUACIÓN RÁPIDA

Para identificar si estás ante una persona con un inminente riesgo de suicidio debes reconocer en cuál de las tres fases en relación al suicidio se encuentra:

> 1.ª fase, *el suicidio como resolución de problemas.* Aplicaremos los PAPs y pondremos en marcha el planteamiento de alternativas para afrontar la situación, buscando que se produzca un cambio en su percepción del problema y de sus capacidades, aunque sea como medida temporal hasta que pueda iniciar (o continuar) un proceso terapéutico profesional.
>
> 2.ª fase, la *intensa ambivalencia ante el suicido.* La persona pone en la balanza los «pros y contras» del suicidio, considerando los beneficios y perjuicios que pueda suponer su muerte. La misión entonces es desequilibrar esta balanza hacia los aspectos negativos de su suicidio, utilizando toda la información que la persona nos cuente al sopesar esta situación. Si esto sucede y gana peso tomar la decisión de no morir, pasaremos entonces a la fase anterior, buscando cómo resolver entonces su problema y aplicando los PAPs.
>
> 3.ª fase, cuando ha tomado una *decisión firme.* Esta es la situación de máxima urgencia, pues en la balanza pesan más las razones por las que llevar a cabo el intento suicida: sentirse una carga, sentimiento de pertenencia frustrado, pensar que estarán mejor sin él/ella... El objetivo primordial es llevar a la persona a la fase anterior, sintiendo esta intensa ambivalencia que cortocircuite su decisión. Analizaremos los factores de protección que puedan proporcionar ese cortocircuito y comenzar a poner en la balanza aspectos negativos del suicidio que la persona no valoró, así como aspectos a favor de seguir viviendo. Debes transmitirle que el suicidio es una opción, pero que la puede posponer y no llevarla a cabo hoy, buscando entonces la manera de afrontar la crisis y los factores de riesgo y precipitantes que le han conducido a ella.

Cuando está ocurriendo una emergencia que precisa una intervención rápida, mantén la calma, contacta con el servicio de emergencias llamando al 112 y quédate con la víctima. Debes protegerla física y emocionalmente, protegerte a ti mismo/a y a quien pueda haber en la escena. Confía en tu capacidad para socorrerla, en tus habilidades empáticas como agente de ayuda. La intervención en crisis ayuda a la víctima a sobrevivir y posteriormente a volver a su vida con un aprendizaje resiliente de los recursos para afrontar problemas y sucesos vitales estresantes. Tienes ante ti a una persona en una situación de extrema vulnerabilidad que posiblemente se sienta indefensa, agotada, desesperanzada y desesperada y que, ante este intenso dolor, ha tomado una decisión muy grave. Sin embargo, en lo más profundo de su ser desea vivir, desea que lo que le genera este sufrimiento se acabe. Ha encontrado en el suicidio una salida, pero tú vas a ayudarle proporcionándole una salida de emergencia con la que no contaba. Tiene derecho a sentirse como se siente, tiene derecho a expresarse y tiene derecho a recibir ayuda. Ni él/ella está solo/a, porque ahora cuenta contigo, ni tú estás solo/a, pues cuentas con un equipo de profesionales que pueden ayudarte: bomberos/as, policías, médicos/as, psicólogos/as, trabajadores/as sociales, servicios, instituciones...

A continuación te dejo otro decálogo con algunas de las pautas de actuación rápidas que debes seguir si te encuentras en una situación de crisis donde la vida de otra persona está en peligro.

1. **Acompaña física y emocionalmente en todo momento**, y no bajes la guardia hasta que llegue la ayuda profesional y la situación se resuelva. No sabemos cuánto puede durar este episodio, por lo que mantén una actitud genuina de interés, comprensión empática y ganas de ayudar. Monitorea la situación comprobando de vez en cuando cómo está la víctima, y aunque la veas más serena, no te confíes. Si ha tomado una

decisión firme puede decirte que se encuentra mejor y ya no necesita tu compañía, o que no quiere molestarte o robarte tiempo. Puede emplear incluso alguna maniobra de distracción para continuar con su plan, así que mantente alerta. No traiciones su confianza con algún comentario o gesto, pues esto puede agravar la situación.

2. **Cuida la acogida**, hazle saber que estás allí para ayudar. Los primeros momentos son primordiales, así que no tengas prisa. Acércate físicamente de manera progresiva y con cautela: los movimientos rápidos pueden precipitar un desenlace fatal. Trátale con respeto y gánate su confianza. Puedes preguntarle si puedes acercarte y si puedes darle algo que necesite: asiento, un abrigo, comida, agua... Cuida también de sus objetos personales, sin tocarlos a menos que te dé permiso, o asegurándote de que tiene acceso a ellos si los desea. Esto le hará sentir que su bienestar te importa y que realmente estás allí para ayudar. Si te permite estar cerca, el contacto físico espontáneo (un abrazo, apoyar una mano en su rodilla o en su hombro) puede ser beneficioso. Si está sentado/a o de pie, mantente a su mismo nivel para atender a la comunicación no verbal; si está asomado/a a una altura, procura no hablarle desde abajo, pues esto puede hacer que se precipite. Tal vez no quiera tu ayuda y tengas que negociar de forma que pueda darse un vínculo de confianza para poder ayudarle. Si estáis en una ubicación peligrosa, o si hay mucha gente, proponle buscar un lugar calmado. Pregúntale si le parece bien que os trasladéis a otro sitio donde haya un ambiente más tranquilo o con mayor intimidad, donde no puedan interrumpiros y pueda expresar sus emociones con total libertad. Tal vez esté presente algún componente que haya precipitado la crisis, como el uso de sustancias, personas que puedan alterar a la víctima o medios letales. Aleja los objetos que pueda utilizar para hacerse daño (o para hacerte daño si pierde el autocontrol), y anímale a encontrar ese espacio de intimidad para poder hablar.

3. **El tiempo puede jugar a tu favor.** Cuanto más tiempo pase probablemente la víctima se sienta más segura a tu lado, disminuya la intensidad o desbordamiento emocional, tú tengas

más confianza en tu intervención y despliegues más recursos de ayuda. A medida que avance el tiempo y el diálogo, podrá entrar entonces en un estado cognitivo capaz de expresar sus preocupaciones y tomar perspectiva del asunto. Transmítele que aquí y ahora lo más importante es la persona, y que disponéis de cuanto tiempo necesite. Limitar el tiempo o apresurarse podría precipitar la decisión de la víctima. Mejor ir poquito a poco que intentar acelerarse cuando «lo veamos algo más claro» y que se pierdan los avances obtenidos.

4. **Tantea si podéis empezar hablando del suicidio.** Para la víctima puede ser muy invasivo entrar con preguntas demasiado directas, así que pregunta primero si puedes acercarte, si necesita algo, o formula una pregunta muy abierta, «¿Cómo estás?» que te dé pistas de por dónde orientar la conversación inicialmente. Ofrécele agua o abrigo, como se ha mencionado más arriba, para que se sienta importante, cuidada y atendida. Pide permiso para abordar el tema y formula con cautela las preguntas, «Estoy preocupado/a y me gustaría entender lo que ha pasado, ¿quieres contarme?». Intenta obtener información concreta interesándote por sucesos recientes que le hayan llevado a ese punto; no dejes que se quede en respuestas difusas o inespecíficas. Pídele que te cuente lo que siente y lo que piensa. En este momento es especialmente importante que **cuides tu comunicación no verbal**. Utiliza un tono de voz cálido, que transmita seguridad, paciencia y tranquilidad. Si tú le transmites miedo, te muestras dubitativo/a o no mantienes la calma, puede empeorar la respuesta emocional de la víctima. Mantén la calma y hazle saber, con tu forma de hablar y con tus gestos, que todo está bajo control y está en buenas manos. Observa su comunicación y actúa en consecuencia, como si corporalmente también mantuvieseis una conversación que vaya en la línea de la comunicación verbal. No temas los silencios: vale más lo que corporalmente transmitas y lo que no se dice, que hablar sin pensar llevado/a por los nervios. A menudo estas pausas ayudan a «mirar hacia dentro», hacer una introspección reflexiva algo más pausada y reorganizarse. Dedica más tiempo a escuchar que a hablar. Cuando habléis, utiliza al principio preguntas abiertas, co-

munes y globales, que permitan que la persona dé respuestas largas; que pueda explayarse hablando sin tapujos. Las preguntas cortas, sin dar muchos rodeos, ayudan a expresar sus emociones y pensamientos, ante los cuales transmitirás una gran comprensión empática y profundo respeto. Valida en todo momento su derecho a sentir como se siente, y fomenta que se centre en sus necesidades y anhelos. Según vaya fluyendo la conversación, formula preguntas más directas, que permitan que pueda comenzar a racionalizar y relativizar en la medida de lo posible lo que ha sucedido. Ten cuidado con remover recuerdos demasiado dolorosos o del pasado lejano que puedan empeorar su inestabilidad emocional.

5. **Ubica en cuál de las tres fases de riesgo se encuentra** y responde en consecuencia. Consulta qué le impide llevar a cabo el acto suicida, si su ética moral o su código de valores juegan un papel en la prevención, y ayúdale a que en la balanza pesen más las razones para seguir viviendo. Emplead el tiempo necesario para poder redefinir el problema, desde un enfoque en el que se sienta capaz de afrontarlo. Encontrar pequeños objetivos a corto plazo que suavicen el impacto de la situación actual puede ser el primer acercamiento, mientras que si os centráis en objetivos grandes o a largo plazo puede abrumar a la víctima.

6. **Guía a la persona.** Demuestra que comprendes sus necesidades y que puede tener la ayuda que precisa. Hablad con naturalidad del suicidio y no temas pronunciar esta palabra, pues lejos de asustar, puede ser liberador para la víctima. Guiar no significa hacer un interrogatorio, ser excesivamente directivo o paternalista o, por el contrario, mostrar excesiva compasión o simpatía en actitud condescendiente, pues la sobreprotección generalmente empeora la situación. Guiar significa transmitir liderazgo, confianza en ti mismo/a y en los recursos personales, familiares y sociales de la víctima. Por supuesto, no mientas hablando de posibilidades inviables, ni le des falsas esperanzas en algo que no puedas cumplir después, porque perderás su confianza y esto puede dificultar una futura intervención. Además, debe saber que no puedes garantizarle confidencialidad

absoluta: explícale que se debe a que su vida es lo más valioso, y si en algún momento otra persona puede ayudarle, le animarás a contarlo, pero si no, lo harás tú. Puedes planteárselo como un pacto, por ejemplo: «Hay cosas que, si me cuentas, yo tendré que transmitírselas a tu familia o a tus profesionales; cuando me cuentes algo así, te lo haré saber y podrás decidir qué hacer con esa información».

7. **Encuentra los factores influyentes.** Identifica los factores de riesgo para que la víctima se sienta así, y aquellos que han precipitado el hecho de llegar a este punto. Si no la conoces mucho, averigua cómo suele ser y funcionar habitualmente; si la conoces, utiliza esta información a su favor. Recaba todos los datos que puedas sobre sus sentimientos, preocupaciones, fortalezas, debilidades, diagnóstico, dificultades vitales del presente, del pasado o del futuro... Averigua, además, si ha consumido alguna sustancia que esté alterando su estado de consciencia o si ha iniciado una autolesión para el intento suicida. Identifica los factores protectores, centrándoos en sus relaciones sociales, familiares, laborales, espirituales, académicas... Puede que los roles vitales sean razones para seguir viviendo y ser un potente punto de apoyo para la recuperación. Encontrad conjuntamente aquellas fortalezas y recursos psicológicos que podrá fortalecer para salir adelante y cambiar el curso de su situación.

8. **Empatiza, empatiza, empatiza.** No me cansaré de repetirlo, que se sienta escuchado/a y comprendido/a será su balón de oxígeno. Eres capaz de ver, entender y reflejar tanto su sufrimiento como su reacción. Seguro que alguna vez en una conversación has debatido sobre algo y al compartir tu perspectiva, alguien te ha dicho «Te entiendo, pero no comparto tu opinión»; pues esto es lo que debes transmitirle, que entiendes que el dolor le lleve a pensar en el suicidio, pero que no compartes esa decisión y que te gustaría poder ayudarle e ir a la par en busca de alternativas. Si siente que tú escuchas su experiencia con sensibilidad y reflexionando sobre ello, sus sentimientos de desesperanza e indefensión irán menguando. Si legitimas sus pensamientos y emociones, facilitarás que interiormente se relaje, por poquito que sea,

y pueda desplegar otra experiencia emocional alternativa para disminuir el sufrimiento. Tiene motivos para sentirse como se siente, razones de peso que le han llevado a pensar en la muerte como última solución: ayúdale a sostener estas razones, a compartir la carga para que pese menos y podáis encontrar otras soluciones.

9. **Orienta siempre desde la esperanza**, tu esperanza en la víctima y su esperanza de un cambio. Que sienta que las cosas pueden dejar de ser como son, que aunque se encuentra en una situación muy delicada, hay otras salidas, y que un futuro distinto es factible. Encontrad razones para vivir, objetivos que quiera alcanzar, y refuérzale por las ideas y propuestas que le acerquen a la estabilidad emocional. El esfuerzo también debe ir orientado a elaborar un plan, considerando los objetivos y las prioridades, y saber qué pasos puede seguir en adelante. Tal vez sus emociones actuales se lo impidan: ofrécele entonces orientación para gestionarlas y que esta frustración transformada en autoagresividad pueda salir, por ejemplo, a través de la heteroagresividad verbal, que se desahogue, hable alto (sin que pierda el control) o diga palabrotas si eso aliviara la presión interna. Que lo suelte sin miedo a ser juzgado/a, pues si se libera de esa presión, tendrá más capacidad para hacer un plan... ¡Mejor fuera que dentro! Facilita que sea la víctima quien proponga nuevas estrategias de afrontamiento, objetivos que le motiven a seguir viviendo e identificar los factores intervinientes.

10. **Negocia, haced un trato, ofrécele algo.** Puedes proponerle planes que hacer juntos/as, actividades que le agraden y con las que pueda desconectar. Cuando salgáis de donde estéis en ese preciso instante debe sentir que seguirás a su lado y puede, entonces, retrasar la decisión suicida, pues tú y otras personas de su red de apoyo estaréis a su lado para encontrar descanso, crecimiento y disfrute. Tal vez pueda aplazar el suicidio hasta que ponga en marcha algunas de las soluciones alternativas que habéis encontrado. Podéis hacer un pacto, estableciendo durante cuánto tiempo va a posponer el suicidio, qué debe suceder en ese periodo y qué puede hacer

si vuelve a sentirse en crisis. Por ejemplo, «El suicidio siempre va a ser una opción, no hay prisa porque puedes hacerlo más adelante, así que, ¿qué te parece si te das un plazo de un mes para abordar esto con tu terapeuta y que, además, podamos ir a hacer esa ruta de la que me hablaste una vez?».

Cuando la situación esté mucho más calmada y la víctima se sienta más tranquila, si aún no han llegado los profesionales, considerad si lo más idóneo es que acuda a un hospital para hablar con un especialista y valorar un ingreso, o si es más seguro que se quede en su domicilio con la compañía de un familiar. Si lo mejor es que acuda al hospital, acompáñale en el trayecto y durante la consulta con el/la profesional. Debes garantizarle ayuda a corto plazo e inmediata cuando lo necesite, para lo cual puedes implicar a otras personas de su entorno más cercano para contribuir en su plan de recuperación. Por supuesto, debe contactar con recursos de ayuda para continuar con el proceso de recuperación: motívale para ir a terapia. Si ya está en un proceso terapéutico, anímale a involucrar en su proceso otras personas de su entorno. Además, puedes facilitarle otros recursos de ayuda disponibles las 24h por si ocurre otra crisis, teléfonos de esperanza, asociaciones y entidades especializadas... Encontrarás varios de estos recursos al final de este libro, así como todas las herramientas del capítulo 8.

4. Intervención telefónica

Antes de llevar a cabo un acto suicida, la víctima puede escribir una carta de despedida, un email, un whatsapp, una llamada... También puede suceder al contrario: imagina que has visto algo que te ha hecho saltar las alarmas, tal vez un *post* en sus redes sociales, te ha enviado un mensaje o has detectado alguna actitud que refleja señales de alerta. Al detectarlas decides no dejarlo pasar, llamas por teléfono a la víctima y descubres que está en una situación de máximo riesgo. ¿Cómo respondemos ante esta situación?

Hace unos años atendí durante unas semanas a un hombre que se encontraba en una situación vital de gran emergencia, sin ninguna red de apoyo y con un estado de salud física y mental muy delicado. Una mañana me envió un whatsapp para avisarme de que no iba a poder acudir a la cita que teníamos programada. Me extrañó porque parecía que había buen vínculo y quería avanzar en su proceso terapéutico, así que decidí llamarle por teléfono. Cuando descolgó supe que se encontraba en un estado de total embriaguez y él comenzó a despedirse, pues estaba en las vías del metro decidido a acabar con su vida. Rápidamente me coordiné con mi compañero, que estaba en el despacho conmigo, y cuando conseguimos ubicar dónde se encontraba, mi compañero llamó al 112 para dar el aviso mientras yo seguía con la llamada. Te seré sincera: estaba muy nerviosa, pensando en lo peor, temiendo que colgase y llevase a cabo su plan. Mantuve la calma a pesar del miedo y conseguí animarle a salir a la calle para que pudiésemos hablar con menos ruido y mejor cobertura. En lo que llegaba el equipo de ayuda que enviamos escuché cómo se sentía, me contó lo que había sucedido y sostuve su dolor hasta que comenzó a sentirse algo más calmado. Finalmente, el equipo sanitario le atendió y decidieron trasladarle al hospital hasta que su salud se estabilizara. Unos días después elaboramos lo sucedido y encontramos que el cariño que me tenía fue lo que hizo que, en lugar de marcharse sin despedirse, decidiese escribirme y descolgar mi llamada, porque sentía que tenía que darme explicaciones por lo que iba a hacer y quería agradecer que ese tiempo que habíamos trabajado juntos intentara ayudarle en lo que él veía como irresoluble...

Por eso insisto en que el amor debe ser tu motor, porque el amor es lo que ata a la vida. A día de hoy esta persona ha avanzado enormemente en su proceso de recuperación y yo me siento profundamente agradecida de que me escribiera y atendiese mi llamada, pues gracias a ello él ahora está en el camino de la recuperación hacia la vida que desea. Esa llamada para mí supuso un punto de inflexión, el empujón para decidir formarme en prevención e intervención del suicidio y, como a él, saber ayudar más y mejor a muchas personas. En parte es gracias a esa llamada que ahora tú también sabes ayudar más y mejor a quien atraviesa una experiencia suicida.

El procedimiento a seguir a la hora de afrontar una llamada de estas características es muy similar a lo que has aprendido hasta ahora, y saber reaccionar e intervenir adecuadamente ante esta situación es rizar el rizo.

Tal vez te ayude preguntarte: si estuvieras en su situación, ¿qué necesitarías? ¿Cómo te gustaría que te hablasen? Lo que acabas de escuchar, ¿te sirve de algo? ¿La persona con la que estás hablando te hace sentir bien?

Sé que tienes las cualidades necesarias para atender esta llamada, cree en ti y en tu capacidad para actuar con serenidad, seguridad y respetuosa comprensión. Son esas aptitudes las que te hacen ser importante para la persona con la que estás hablando. Gracias por estar al otro lado del teléfono, por conectar con la víctima y, en la distancia, prestarle tu hombro para que, con tu apoyo, pueda dar el primer paso hacia el cambio que necesita.

Antes de realizar la llamada, o cuando durante una llamada seas consciente de que estás ante una situación de emergencia, dedica un segundo a tomar plena consciencia de que quien está al otro lado de la línea sufre intensamente y te necesita. Por eso te llama o ha descolgado la llamada: porque confía en que eres su último recurso, o el «clavo ardiendo» al que puede agarrarse para aferrarse a la vida. Darte cuenta de ello rápidamente te pondrá el «modo ayuda ON». Tienes las cualidades y los conocimientos necesarios, ahora debes estar en la disposición adecuada para afrontar una escena tan delicada como esta. Aquí tienes un decálogo que guiará tu actuación.

1. **CUIDA TU VOZ.** Dado que no puedes ver a la persona no solo te faltará información del contexto inmediato en el que se encuentra, sino que además no podéis leer vuestro lenguaje corporal, que tanta información aporta, como hemos visto. Tampoco puedes utilizar otros apoyos como el contacto físico o visual, por lo que tu herramienta más poderosa será tu voz. Lo que digas es muy importante, pero a menudo impacta más cómo se dicen las cosas que las cosas que se dicen en sí. Tu tono de voz, la velocidad a la que hables o los silencios que ocurran deben transmitir seguridad en ti mismo/a para generar sensación de control y serenidad, facilitando así una buena compensación emocional en la víctima. Tu lenguaje no verbal debe hablar de gratitud y confianza mutua, pues tú agradeces que te llame y confíe en ti, y que tú también confías en ella y en su capacidad para sobrevivir a este episodio y encontrar otras alternativas. Debe sentir que con esta llamada ha sintonizado una radio en cuya frecuencia recibe calidez, interés genuino y comprensión empática.

2. **CUIDA EL VÍNCULO.** Con una buena acogida se pretende generar un vínculo empático que promueva cercanía, confianza y facilite el despliegue de las etapas posteriores. Agradece que haya llamado y muestra interés por lo que quiera contarte. Los primeros minutos son cruciales para que se genere un vínculo y para que la llamada dure lo que la persona necesite, hasta que su estado emocional mejore. Creando el clima adecuado, la persona al teléfono se sentirá segura de que quiere seguir hablando contigo. Tu actitud debe ser cercana: modula tu voz en función de lo que sientas que necesite en ese momento, haz intervenciones breves y utiliza preguntas abiertas que faciliten la apertura emocional. Debe percibir que estás ahí y escuchas activamente para que se sienta lo suficientemente cómodo/a para contarte abiertamente lo que sucede, por lo que haz intervenciones «de seguimiento» (*m-hm, ahá, claro, entiendo...*) o da respuestas que reflejen sus emociones. Si está en un lugar concurrido o ruidoso (en la

calle, en el transporte público...), pídele que busque otro sitio más tranquilo para que pueda conversar sin estar pendiente del entorno y os escuchéis bien.

3. **GANA TIEMPO Y AVERIGUA QUÉ HA PASADO.** Mantén la llamada todo lo que puedas para que los servicios de ayuda puedan acudir cuanto antes, y para que la víctima pueda regularse emocionalmente. Cuanto más tiempo pase, más probabilidad de éxito habrá. Puedes explicarle que tu disponibilidad es absoluta y la llamada no tiene límite de tiempo. Las recomendaciones anteriores pueden servir para disminuir o disuadir la ideación o del intento suicida, pero también para ganar tiempo y facilitar la intervención de los equipos de rescate en caso de que se valore necesaria. Transmítele que estás aquí para ayudar y que la llamada puede durar cuanto necesite. Debes averiguar cuáles han sido los factores de riesgo y precipitantes de esta situación, qué ha ocurrido, qué pretende solucionar con su muerte... También es importante conocer si tiene algún diagnóstico de salud mental y cómo es su relación con él, si ha tenido otros intentos de suicidio y cuál es su estado emocional (orientación en espacio y persona, estado mental alterado por alguna sustancia, descompensación psiquiátrica, síntomas de ansiedad...).

4. **ESCUCHA PARA COMPRENDERLE.** Explora su sistema de valores, sus fortalezas, cómo maneja sus emociones o cómo se desenvuelve en distintos escenarios que le generan malestar. Ante todo, permite la ventilación emocional y escucha sin juzgar, muestra un interés genuino y aceptación incondicional, libre de etiquetas, censuras o juicios. Facilita que pueda desahogarse, contarte el problema y cómo se siente.

5. **CUÍDATE.** Reconoce su sufrimiento y preocúpate por él, pero sin descomponerte. Mantén una distancia emocional interna con la que te sientas cómodo/a: si te sobreimplicas, puedes perder la calma y eso perjudicaría a la víctima. Anímale a que exprese su dolor y permite que te llegue sin que este te afecte o perturbe, que no sienta que censuras o rechazas sus emociones. Si no, podría sentir que te está haciendo daño y podría ser contraproducente. Debe sentir que puedes sostenerla sin que su dolor te duela a ti también para que no

aparezcan sentimientos de culpa, de ser una carga o de ser nociva.

6. **CONSIGUE INFORMACIÓN ÚTIL PARA UN POSIBLE RESCATE**. En la medida de lo posible, averigua dónde se encuentra, si está en un sitio accesible, si está solo/a o si hay más gente cerca... Si tú estás con otra persona, transmítele esta información para que envíe la ayuda; también puedes hacerlo avisando a otra persona por Whatsapp mientras mantienes la llamada con la víctima. Si no es así, proponle ponerse en un sitio a salvo y seguir al teléfono mientras vas a su ubicación. Una vez juntos podéis realizar esa llamada, o acompañarle a un hospital. Otra información útil que debes conseguir es la que te permita hacer una valoración del riesgo suicida. Explora si tiene un plan suicida elaborado o si es una idea, el grado de impulsividad o si está en proceso el acto suicida. No temas hablar de suicidio, probablemente ponerlo en palabras sea liberador para la víctima.

7. **FUERZA LA AMBIVALENCIA**. Si está en una situación de alto riesgo de cometer un acto suicida, o si ya ha comenzado el intento, significa que ha tomado una decisión firme que debes cortocircuitar. Si te ha llamado o decidido descolgar en lugar de ignorar tu llamada significa que aún no lo tiene claro, que siente incertidumbre y eso es lo que hace que se aferre a la vida con esta oportunidad.

8. **RAZONES PARA VIVIR**. Conoce sus factores de protección, fortalezas y virtudes, encuentra las razones que le han llevado a llamarte, porque son motivos que tiene para seguir viviendo. Conoce su sistema de valores y quiénes son sus referentes, ¿cómo saldrían ellos/as adelante? Ayúdale a encontrar objetivos que den sentido a continuar con la llamada y con las ganas de vivir: debe ser la voz cantante que tome las decisiones, el protagonista del plan que le ayudes a crear y orquestar. Debe pasar de la «lógica de la muerte» a la «lógica de la vida».

9. **SOLUCIONES ALTERNATIVAS**. Mi jefa dice sabiamente que «no hay protesta sin propuesta», así que manos a la obra: si el suicidio no es una opción, ¿qué otras opciones hay para lidiar con los problemas que le generan este sufrimiento? Empo-

dérale para que encuentre por sí mismo/a alternativas para afrontar la situación que tan dolorosa le resulta. No busques darle las respuestas, genera que sea él/ella quien pueda encontrarlas para fomentar el sentido de valía, autonomía y capacidad para resolver los problemas y conflictos que se le plantean actualmente. Ayúdale a recordar qué situaciones difíciles ha podido superar, qué aprendizajes resilientes tiene, cómo pueden sus capacidades ayudarle a salir adelante o qué herramientas tiene para solventarlo. Si no puede verse capaz de hacerle frente, pensad en cómo lo afrontaría una persona que sea referente para la víctima, que le inspire confianza o admire.

10. **Y AHORA, ¿QUÉ?** Antes de colgar, facilítale otros recursos, servicios o personas que le vayan a ayudar en adelante. Le has ayudado a hacer un plan para seguir con su vida, debe saber por dónde empezar, cuál es el próximo paso que debe dar y qué hacer si vuelve a sentirse como ahora. Tal vez sea necesario realizar un contrato de no-suicidio, con el que la víctima se comprometa a no suicidarse, al menos, hasta haber dado uno o dos pasos de los que habéis acordado. Poned en marcha los recursos y herramientas que estás aprendiendo con esta guía, y proporciónale el contacto de las entidades o profesionales que le acompañen en su proceso de recuperación. Continúa a su lado manteniendo el contacto, asistiendo a las citas si te lo pide o apoyando en el cumplimiento de sus objetivos y adquisición de todo lo que necesite para encontrarse mejor.

* * *

Ahora tienes más medios y conocimientos de lo que ayuda y lo que no ayuda a una víctima suicida, cómo intervenir ante una emergencia, cómo practicar unos primeros auxilios psicológicos y cuál es la disposición adecuada para sostener e impulsar hacia la recuperación a la persona que te necesite en momentos tan extremos. Esta es una labor que genera desgaste, agotamiento emocional y sentimientos muy diversos que pueden afectar negativamente a todas las personas implicadas. Atender a las necesidades de la persona que atraviesa una experiencia suicida es primordial, pero también lo es atender a las necesidades de su entorno cercano: familiares, pareja, amistades, compañeros/as del trabajo o centro educativo... Por lo que tu descanso, equilibrio emocional y bienestar son tan importantes como los de la víctima. En el siguiente capítulo aprenderás cómo cuidarte a ti también y a la red de apoyo de la víctima para que el impacto de esta experiencia sea menos doloroso y más resiliente.

Capítulo 7.
Cuidar a quien cuida

Acompañar a una persona en su proceso de recuperación debido a la experiencia suicida puede ser emocionalmente agotador, especialmente tras una crisis o si hay un trastorno mental subyacente. Este acompañamiento se hace desde el amor que se le tiene a la persona que está recuperándose, pero no deja de ser un trabajo muy duro. De hecho, recuerda que los antecedentes familiares de crisis suicidas o de trastornos mentales graves, los eventos traumáticos y el estrés sostenido en el tiempo son factores de riesgo para el desarrollo de ansiedad, depresión o experiencia suicida.

Ya sea por su edad o por su estado de salud, cuando alguien se encuentra en una situación de cierta dependencia (física o emocional) necesita una serie de atenciones o vigilancia especial que debe procurarle otra persona. Para la persona que es cuidada esto puede ser un reto emocional de cierta dificultad, especialmente si se ha perdido gran parte de la autonomía e independencia que tuviese antes. Para la persona que presta los cuidados también es un desafío. Cuidar supone un doble aprendizaje, pues primero debe aprender las necesidades de la persona y después aprender a satisfacerlas. Cuando la vida de un ser querido está en juego y somos conscientes de nuestra capacidad de su cuidado físico y emocional, puede revertir en un descuido de las necesidades físicas, emocionales y sociales propias. Esto puede ser una fuente de estrés importante que repercuta negativamente sobre la persona que cuida y, consecuentemente, sobre la persona cuidada. En las próximas páginas aprenderás sobre el síndrome del cuidador, cómo se manifiesta y cómo puede abordarse.

No obstante cuidar también puede ser muy satisfactorio, reforzar el vínculo y suponer un desarrollo personal enorme. Dado que una situación dolorosa impacta sobre todos los miembros de la familia y entorno cercano de la persona con experiencia suicida, transitar hacia una situación más positiva, con un ambiente familiar cálido y cuidando todas las relaciones personales, también impactará sobre la persona con experiencia suicida y sus allegados.

Ayudar, acompañar y cuidar es un trabajo duro al que, si uno se emplea en cuerpo y alma las 24 horas del día, los 7 días de la semana, puede consumir rápidamente a la persona que procura estos cuidados. Eso puede hacer que deje de atender adecuadamente a la persona que precisa su ayuda, o que la persona cuidadora pase a necesitar ser cuidada. Por tanto no debe ser una tarea solitaria, sino que también se debe obtener ayuda, compañía y cuidado. Así, las dificultades que surjan serán más llevaderas y las distintas situaciones que aparecerán podrán gestionarse mejor emocionalmente. El equilibrio entre el amor hacia la persona cuidada y el amor propio hacia nuestros cuidados es la clave.

Este capítulo está dedicado a aprender a cuidar también a las personas cuidadoras. Tal vez tú no conozcas directamente a la persona que está atravesando una experiencia suicida pero sí tengas un vínculo con alguien de su familia, su pareja, sus compañeros de trabajo u otras personas cercanas que estén acompañando y cuidando a la persona con experiencia suicida. O tal vez tú seas esa persona cuidadora por ser su hija, su hermano, su mejor amigo, su madre... Este capítulo entonces es para ti, porque tus necesidades físicas, emocionales y sociales son fundamentales. Porque tu bienestar es necesario para el bienestar de la persona a la que apoyas.

Verás que a lo largo del capítulo me referiré a ti como familiar implicado/a en el cuidado de la persona con experiencia suicida; utilizaré esta voz por cuestiones prácticas, pero todo lo expuesto es extensible a otros roles o vínculos que tengas con la persona con experiencia suicida, o a ti como agente de cuidado de la persona cuidadora.

PARTE 1: ¿QUÉ LE PASA A QUIEN CUIDA?

¿Habías oído hablar del *síndrome del cuidador*? También se lo conoce como *fatiga de compasión* o *síndrome del cuidador* quemado. Es un trastorno que afecta a quien asume un rol de cuidador/a principal de una persona dependiente. La mayoría de personas en situación de dependencia son cuidadas por familiares directos. Históricamente este papel ha sido desempeñado por las mujeres (hijas, hermanas, esposas) de la familia, bien por decisión propia, bien por imposición, por lo que en adelante hablaré de cuidadoras para hacer referencia a las mujeres, y por extensión, a otras *personas cuidadoras*. La situación de dependencia puede ser muy diferente: niños y niñas muy pequeños, personas muy mayores, o personas que por cualquier motivo han visto su autonomía perjudicada, lo que repercute en su salud física, mental y social. En función de sus necesidades y cuidados, así como de sus características personales y lo que le haya llevado a esa situación, afectará también a la persona o personas que la cuiden. Habitualmente las situaciones de dependencia que surgen de manera sobrevenida producen una gran sobrecarga física, social, emocional y económica de los miembros de la familia de la persona cuidada, lo que puede dar lugar al síndrome del cuidador.

Aunque el síndrome del cuidador también puede afectar a profesionales (enfermería, medicina, psicología, auxiliares, profesionales de la geriatría o atención a la discapacidad...), generalmente afecta a las personas próximas a alguien dependiente. ¿Significa esto que la persona en situación de vulnerabilidad es una carga o un estorbo? NO, nada más lejos de la realidad. Significa que encontrarse en una etapa así no es fácil para nadie y, sin embargo, puede suponer un aprendizaje resiliente para todas las personas implicadas. Ayudar a una persona es un desafío tanto para quien ayuda como para quien es ayudado, que puede fortalecer a ambos implicados y el vínculo que les une cuando se habla de relaciones personales. Sin embargo, puede suponer un problema cuando no se dispone del conocimiento, herramientas y estrategias necesarias para afrontar esa circunstancia.

La sobrecarga del cuidador es tanto física como psicológica, ya que a menudo consume gran parte de su tiempo y energía. Este desbordamiento se debe al estrés continuado, ya que no es una situación puntual, sino que requiere atención diaria. El cuidador puede, por este agotamiento, descuidar sus propias necesidades para continuar cubriendo las necesidades de la persona que requiere su ayuda. A largo plazo esto puede traducirse en frustración e impotencia del cuidador, porque puede sentir que «no llega a todo», que lo que hace es insuficiente. Cuando esto ocurre, o bien dedica aún más esfuerzos al cuidado desconectando emocionalmente de sí mismo, o bien el agotamiento puede volverse en contra de la persona cuidada.

El cuidador actúa de manera tan desinteresada que puede dejar de lado sus propios intereses, aficiones, actividad social o descuidar su propia salud. Puede incluso entrar en una codependencia, en la que el bienestar o tranquilidad del cuidador dependa del bienestar de la persona cuidada, pudiendo caer en la hipervigilancia, la sobreprotección o el control absoluto de la persona cuidada. Esto habitualmente produce el efecto opuesto al deseado, que suele ser la recuperación o mantenimiento de la autonomía, y empeora la relación entre cuidadora y cuidado/a.

El síndrome del cuidador, así como el agotamiento físico y psíquico, aparece paulatinamente, y se puede diferenciar en cuatro etapas:

En la PRIMERA ETAPA aparece la situación de dependencia y surge la necesidad de una cuidadora principal que lidere la tarea de cuidar a la persona dependiente. Pueden aparecer otros cuidadores secundarios que colaboren en los cuidados, pero habitualmente hay una persona que asume gran parte de la responsabilidad.

En la SEGUNDA ETAPA se produce un desequilibrio entre las demandas de la situación y los recursos físicos, psicológicos o económicos de los que dispone la cuidadora. En esta etapa la cuidadora es consciente de que debe dedicar más tiempo y esfuerzo del habitual a la persona cuidada, lo que agota sus recursos. Se inicia el desgaste físico y emocional.

En la TERCERA ETAPA, ante la sobredemanda de tiempo y cuidados que se emplea, la cuidadora reacciona con ansiedad, estrés, preocupación y otros síntomas propios del síndrome.

En la CUARTA ETAPA, la persona cuidadora está tan agotada que vive en una complejidad de emociones y pensamientos. Puede temer expresar alivio cuando la persona cuidada mejora, o desear que la situación acabe de cualquier manera con tal de que ambas descansen, por lo que fantasear con este final genera gran culpa. La necesidad de liberarse del sufrimiento es muy humana, tanto para quien cuida como para quien es cuidada, por lo que veremos cómo se manifiesta el síndrome del cuidador quemado para poder abordarlo y fomentar la recuperación de quien está pasando por la experiencia suicida.

Ser cuidador implica cambios en muchos aspectos de la vida de quien cuida. Por un lado, cambian las relaciones

familiares, los roles, las responsabilidades y el funcionamiento general de todo el sistema para adaptarse a la nueva
situación, lo que puede hacer que aparezcan conflictos intra-
familiares. Por otro lado, puede cambiar la situación económica y laboral para poder dedicar más tiempo o más recursos
a la persona que precisa atención. Consecuentemente, se dispone de menos tiempo libre para descansar o hacer actividades de ocio, y este tiempo incluso puede desaparecer si se
tiene la sensación de abandonar egoístamente a la persona
cuidada. Finalmente, todo esto puede producir cambios en
la salud del cuidador, de cuyo bienestar dependerá en parte
la calidad y efectividad de la atención que le procure a la persona cuidada.

¿Cómo puedes saber si estás sufriendo el síndrome del cuidador quemado? La sobrecarga se manifiesta en tres áreas:
físicas, psicológicas y sociales.

- *Manifestaciones físicas*. Puede parecer paradójico, pero la salud de las cuidadoras suele ser peor que la del resto de la familia, o verse empeorada desde que asumió el rol, y sin embargo no suelen atender a estas señales y acuden a la consulta
  médica con menor frecuencia. Algunos de los síntomas más
  frecuentes son: cefalea, mareos, sensación continua de fatiga, dolores musculares, problemas digestivos, alteración del
  sueño, falta de energía, molestias difusas...

- *Manifestaciones sociales*. A menudo las cuidadoras están más
  solas o aisladas que otros miembros de la familia. Puede suceder debido al cambio de su rutina cotidiana, como hemos
  visto, pero también por el estigma asociado al trastorno
  mental y al suicidio, lo que puede generar incomprensión
  en el entorno y aislamiento si no sabe abordarse adecuadamente. Otras veces ocurre porque las cuidadoras sienten
  que no pueden abandonar su responsabilidad, cuando en
  realidad puede ser bueno encontrar espacios para que ambas personas, cuidadora y cuidada, puedan dedicarse tiempo a sí mismas o con sus círculos sociales. La clave está en

la confianza y en la comunicación asertiva. Cuando no se atiende a las necesidades sociales esto puede manifestarse con aislamiento, reacciones desmedidas ante la crítica, pérdida de interés por el contacto social, no salir de casa, dificultad para relacionarse con otras personas, tener vida social solo en casa o en presencia de la persona cuidada...

- *Manifestaciones psicológicas.* La saturación que puede producir el rol de cuidadora impacta también sobre la salud mental, a menudo más afectada que la salud física y que la social. La persona cuidadora puede no comprender la variedad de emociones que siente, o que no sepa gestionarlas adecuadamente, por lo que son vividas como sobrecogedoras. Aparecen sensaciones abrumadoras como sentirse sobrepasada, de estar al límite, de no ser la misma persona de antes, de estar dispersa u olvidadiza, de no poder delegar el cuidado o de no poder compartir la responsabilidad con otras personas... Las manifestaciones psicológicas más frecuentes son: ansiedad, apatía, irritabilidad, desesperanza, culpa, pérdida general de interés, ideación suicida o de abandono, resentimiento hacia la persona cuidada... Todo ello puede hacer que, además de las señales emocionales propias de la angustia, haya otras conductas para manejar el malestar, como el uso de bebidas alcohólicas, aumento del consumo de tabaco o el mal uso de medicamentos para dormir.

Nadie merece pasar por una situación tan complicada de vivir y manejar como esta. Ni la persona cuidadora ni la cuidada, ya que puede sentirse culpable, aumentar su pensamiento de ser una carga y empeorar la experiencia suicida. Para poder ayudar a que otra persona se sienta bien, primero hay que estar bien y dejarse ayudar. Nuestras emociones, vivencias y necesidades también importan y deben ser atendidas.

PARTE 2: CUIDAR A QUIEN CUIDA

Tanto si eres la persona cuidadora como si eres alguien cercano a una persona cuidadora, vamos a ver cómo practicar los autocuidados y *cuidar al cuidador*. Velar por el propio bienestar también es velar por el bienestar de tu ser querido, pues estarás en mejor disposición de atender a la persona para que recupere su autonomía. Sin embargo, las consecuencias de no dejarse ayudar afectan gravemente a tu calidad de vida. El cuidado del cuidador debe ser multidimensional para atender a todas las facetas y necesidades: tu cuerpo, tu mente, tu actividad social, tu descanso, tu vida espiritual... solo si atendemos adecuadamente a nuestras necesidades podremos atender adecuadamente a las necesidades de otras personas y hacerlo con energía e ilusión.

Igual que en esta guía estás aprendiendo pautas y herramientas para ayudar a una persona con experiencia suicida, es especialmente relevante que introduzcas en tu rutina de cuidado pautas y herramientas para ti mismo/a. Cuando el cuerpo y la mente están descansadas somos capaces de tomar buenas decisiones, afrontar mejor las diversas dificultades y disponer de una actitud de ayuda genuina.

Ahora que conoces las señales de alerta que indican que estás sufriendo agotamiento emocional asociado al cuidado de tu ser querido, es importante actuar. Lo primero es reconocer con amabilidad que tienes límites y que no es necesario traspasarlos. Sufrir tú no hará que tu ser querido sufra menos; al contrario, probablemente también le afectará. Cuando detectes estas señales para un momento y dedícate a hacer un plan de autocuidados. Parar este cansancio es crucial antes de entrar en una espiral: que hoy no te sientas bien no significa que mañana tampoco vayas a estarlo, significa que hoy te has dado cuenta y puedes atender a tu necesidad de descansar. Ni eres peor cuidadora ni eres egoísta: eres un ser humano apoyando a otro ser humano, y que a su vez necesita apoyo, porque nadie tiene capacidades ilimitadas. Además, cuidándote le enseñas a la otra persona a cuidarse, pues estás predicando con el ejemplo, así que esta es una gran oportunidad de aprendizaje mutuo.

A continuación te propongo una serie de pautas que, espero, te ayudarán a cuidarte para cuidar mejor y durante más tiempo. Puedes organizarte como te sea más cómodo y encontrar otras formas de autocuidado que no hay aquí planteadas: eso también es supervalioso, personaliza este plan de autocuidado para que te resulte más eficaz, práctico o cómodo.

Cuida tu salud física

Cuida tu propia salud, tus necesidades físicas, tus dolencias o cualquier condición que tenga tu cuerpo. Tienes derecho a ir al médico si te enfermas o si algo te duele, a hacerte revisiones periódicas o a acudir a tus citas médicas periódicas si tu salud física está afectada. No pospongas ir al médico si no te encuentras bien: poner excusas y dejarlo para más adelante solo hará que se convierta en algo más serio. Si tienes algún tratamiento que seguir, realízalo regularmente, haz un buen uso de los fármacos y evita automedicarte.

Comer no es solo llenar el estómago, sino que también implica nutrirse, aportando a nuestro cuerpo los nutrientes esenciales para su buen funcionamiento. Cada cuerpo es un mundo y tiene necesidades y gustos diferentes, pero todos tienen en común que necesitan proteínas, vitaminas, carbohidratos, fibra, minerales y grasas. Ten una alimentación equilibrada, bebe suficiente agua cada día y sigue un horario acorde con tu rutina y gustos. No te dejes llevar por la ansiedad mediante atracones o consumo excesivo de alcohol: si no te lo indica un/a profesional, en principio ningún alimento está prohibido, pero es conveniente que sigas una serie de pautas saludables como comer sentado/a, despacio, masticando bien y disfrutando del aporte de energía que le estás dando a tu organismo.

Practicar regularmente cualquier ejercicio físico es un hábito realmente saludable que ayuda a cuidar tu cuerpo y gestionar la tensión mental. El ejercicio facilita la liberación de endorfinas, conocidas como «las hormonas de la felicidad», favorece el descanso nocturno y es una buena manera de salir cada día a tomar aire fresco. En ocasiones puede ser difícil programarte el tiempo suficiente para practicar un deporte, por lo que puedes intentar mantener una vida activa: utilizar menos el coche, caminar a los recados, bajar una parada antes del autobús, subir o bajar las escaleras a pie, dar un paseo de quince minutos... Incluso hacer estiramientos o ejercicio suave en casa. Puede ser una buena oportunidad para hacer una actividad diferente con tu ser querido, lo que reforzará vuestro vínculo y mejorará vuestra forma física.

Tu aspecto físico es importante: no dejes de cuidar tu imagen personal y tu *look* tan único. Mantén tu corte de pelo, cuida tu barba, utiliza tu ropa favorita, maquíllate, lleva tu peinado preferido, hidrata tu piel... Con esto no me refiero a que incluyas estos hábitos si no los tenías antes (aunque igual te apetece probar), sino a que sigas haciendo aquello que haces para sentirte bien con tu autoimagen. Parecen pequeñas cosas, pero todo eso que dejes de hacer a medio-largo plazo puede afectarte emocionalmente, sintiendo que esa persona del espejo y tú no sois la misma.

También puedes ejercitarte realizando «deporte pasivo» o *gimnasia cerebral* para activar tu mente: los rompecabezas, sudokus, el ajedrez, los juegos de mesa, leer, practicar idiomas... Así mantendrás ejercitado tu cerebro para mejorar la capacidad de atención, memoria y agilidad.

Una manera diferente de tratar bien tu cuerpo es, precisamente, tratarle con cariño. El contacto físico suele sentar bien a otra persona si es con consentimiento, como una caricia, un abrazo u otro gesto cariñoso. Aprendemos a relacionarnos con nuestro propio cuerpo desde la infancia y en la adultez repetimos algunas conductas, aunque lo hagamos inconscientemente o no sepamos ni por qué ni para qué lo hacemos. Algunos ejemplos que ilustran esto son: apretarse las pantorrillas con las manos cuando algo nos pone nerviosos (con intención de calmarnos), frotarse un raspón o cardenal (para aliviar el dolor), apretar los dientes cuando algo nos frustra (para descargar la tensión), rozar los brazos arriba y abajo con las manos (evocando un gesto de consuelo), o el clásico «hacerse una bolita» encorvando la espalda, doblando las piernas y rodeándolas con nuestros brazos (para conectar con la compañía o seguridad que necesitamos en ese momento). Necesitamos sentir seguridad, consuelo, comprensión, cariño... y constantemente buscamos dárnoslo, aunque no nos demos cuenta. Así que puedes empezar a tratar con amor tu cuerpo, conectar con tu necesidad y darte el apoyo que le darías a otra persona o que otra persona te daría a ti. Acariciar suavemente con los dedos tus antebrazos, tu cara, tus piernas, tus costillas en un abrazo... Puede que al principio te sientas raro/a, que te dé vergüenza o que pienses que no sirve de nada; intenta apartar esos pensamientos y date cariño sin juzgar, sin etiquetar y con mucho, mucho amor. Esto es el autoconsuelo compasivo: hablarse bien utilizando el lenguaje corporal con uno/a mismo/a.

Por otro lado, dormir es tan fundamental como comer, y descansar es tan necesario como estar activo. No dormir suficientes horas o la falta de un sueño reparador perjudican al estado de ánimo y a algunas funciones mentales. Duerme al menos 7 u 8 horas consecutivas cada día, para lo cual debes tener una buena *higiene del sueño*: siempre que puedas, ten el mismo horario para acostarte y levantarte, no te acuestes con el estómago lleno, evita la cafeína u otros estimulantes seis horas antes de ir a la cama, e intenta hacer algo relajante antes de dormir como leer, ejercicios de respiración o relajación muscular. Así evitarás que las preocupaciones te tengan en vela hasta tarde. Las pantallas luminosas (móvil, ordenador, televisión...) también sobreestimulan la actividad cerebral, por lo que si puedes emplear ese tiempo en otra actividad analógica te resultará más fácil conciliar el sueño. La siesta puede ser una gran aliada: así como las siestas demasiado largas perjudican a la salud, una siesta de 20-30 minutos puede ayudarte a estar más activo/a durante la tarde.

Cuida tu salud mental y social

Toma conciencia de que para, cuidar bien, primero debes cuidarte tú. Antes de ser cuidador eres persona, un individuo con sus propias necesidades, gustos, roles... Esta situación puede ser absorbente dado que tu ser querido te necesita, y por eso debes encontrar el equilibrio entre dar apoyo y mantener tu propio desarrollo personal y social. En la medida de lo que puedas, mantén tu rutina habitual, tu actividad profesional y tus *hobbies*. Prueba a organizarte el tiempo de manera sencilla con un calendario o agenda, para que puedas conjugar las distintas responsabilidades sin que esto conlleve agobio. Tal vez no puedas seguir el mismo ritmo o abarcarlo todo: está bien, recuerda que eres humano y que los días solo tienen 24 horas. Hacer malabares con el tiempo puede ser una fuente de estrés o por el contrario de paz, depende mucho de tu forma de ser y con lo que te sientas cómodo/a.

En esta organización debe caber cada día un tiempo para ti mismo/a, para cuidarte, sentirte, relajarte y gestionar el estrés. La salud también se compone de tiempo libre y distensión, así que cumplir con ello no debería ser opcional. Existen miles de actividades que pueden ayudarte a desconectar un rato del mundo externo y conectar con tu mundo interno. Aprende métodos de relajación a través de la respiración, visualización

de escenarios relajantes, distensión muscular, *mindfulness*...
Otras actividades también pueden ayudarte a desprenderte
del estrés como leer, hacer meditaciones guiadas, rezar,
pararse a escuchar música relajante o, sencillamente, tum-
barse un rato y no hacer nada que no sea enfocarse en lo bien
que sienta estar con uno mismo. Volvamos al símil del coche:
¿verdad que no se puede repostar con el motor en marcha,
ni mucho menos mientras se circula? En este caso sucede lo
mismo: necesitas recargar tus energías dejando de utilizarlas
un momento. Sin culpa, sin remordimiento, sin prisa. Dedícate tiempo con constancia, pues al principio tal vez sea difícil
luchar contra estas emociones, pero realizar actividades agradables debe ser parte de tu rutina.

Tu vida continúa adelante, y aunque este sea un cambio
al que adaptarse con mayor o menor dificultad, también hay
otros miembros de tu entorno que disfrutan de tu compañía,
y otros roles que necesites desempeñar para llevar esta situación sin «quemarte», como tu trabajo o tus estudios. Mantener un funcionamiento ajeno al cuidado, o paralelo al mismo
(*hobbies*, amistades, empleo, metas personales...), hará menos
probable que aparezca en ti el síndrome del cuidador quemado
o sentimientos de carga y culpa en tu ser querido. Sucede, por
ejemplo, que cuando es un hijo o hija quien atraviesa la experiencia suicida, la relación de pareja pasa a segundo plano,
centrándose únicamente en el bienestar del hijo/a. Esto puede
implicar malestar en la pareja, o incluso que otros miembros
de la familia, como los hermanos, se sientan apartados o des-
cuidados. Implicar a la familia será importante para que, primero, la persona con experiencia suicida se sienta arropada, y
segundo, para que no se sobrecargue una persona al repartirse
las tareas y responsabilidades. En el otro lado, si la persona con
experiencia suicida es madre o padre, tal vez esté necesitando
acompañamiento en su rol parental, descansos del mismo, el
refuerzo de su relación de pareja o el apoyo de otros miembros

de la familia para aliviar su sobrecarga o sentimiento de soledad. En este caso es importante hablar de ello con respeto, sin juicio y ofreciendo ayuda genuina libre de críticas.

Como hemos visto que aislarse supone un riesgo para el desarrollo del síndrome del cuidador cansado, para combatirlo es buena idea mantener las actividades sociales y aficiones que faciliten que te relaciones con otras personas. Cultiva la relación con tus amistades, amplía tu red de apoyo, asiste a los planes y quedadas siempre que te sea posible. El hábito de mantenerse socialmente activo te ayudará contra la soledad, el estrés, la rumiación, el aislamiento... Rodéate de personas que te comprendan, con quienes te sientas escuchado. Mantén la relación con otros parientes.

Dentro de algunas de estas actividades sociales puedes incluir a tu ser querido, siempre que a ambos os parezca bien. Podéis trabajar para mejorar vuestra comunicación y fortalecer vuestra relación. A lo largo de esta guía has encontrado múltiples herramientas que os ayudarán a hablar para abrirse y escuchar para comprender. Respeta los tiempos y espacios de cada uno, así como vuestras emociones. Permite que la conversación fluya a través de temas muy diversos, relacionados o no con la situación actual: temas que os animen, buenos recuerdos, propósitos que os motiven, planes que os apetezcan...

Está claro que cuidar a otra persona tiene un gran impacto vital en quien cuida y en quien es cuidado. A menudo aparecen emociones nuevas, complejas o con mayor intensidad de lo que habías experimentado, como la preocupación o el sentido de la responsabilidad, e incluso la oportunidad de autoconocimiento y crecimiento personal. Sin embargo, esta no es una situación agradable ni para ti ni para tu ser querido, por lo que también pueden surgir pensamientos negativos o emociones más dolorosas. Siempre querrás lo mejor para tu ser querido y harás lo posible por su bienestar, y por ello es normal sentirse abrumado, impotente, cansado, resentido, confuso, culpable, enfadado... Intentar taponar u ocultar estas emociones, lejos de lograr su propósito, las hará aún más dolorosas. Todas tus emociones son legítimas, tienes derecho a sentirte como te sientes. Sentir miedo e incertidumbre es natural: posiblemente nadie os había preparado para afrontar esta situación, ni a la persona cuidada ni a ti, y lo estáis haciendo lo mejor que sabéis, como podéis, y con mucho cariño.

Valida todas tus emociones: permítete enfadarte, escucha tu cansancio, deja salir la vergüenza, exponte a tu tristeza... Tienes permiso para exteriorizar cuanto haya en tu interior. Hazlo con quien te sientas seguro/a y pueda comprenderte, pues ya sabes que no todo el mundo sabe escuchar o comprender. Busca momentos y personas que te ayuden a ventilar tus emociones hablando de ellas sin tapujos. El desahogo emocional puede ser como beber agua fresca cuando se tiene sed: revitaliza, calma y amansa la necesidad presente. Reprimirlo, en cambio, puede ser como exponerse a un chorro de aire frío: aunque intentes calmarlo así, seguirás teniendo sed, y si no atiendes a tu necesidad de hidratación emocional, las consecuencias solo ahondan en el sufrimiento. No mires a otro lado y presta atención a tus sentimientos, busca apoyo siempre que lo necesites.

En los momentos en los que sientas felicidad o paz es posible que sobrevenga una emoción de culpa o vergüenza: «¿Pero cómo puedo reírme con los amigos, con lo que está pasando mi hijo? Soy una mala madre...». Te resultará más fácil ayudar si tienes momentos de distensión y lo pasas bien. Agradécete estos autocuidados y felicítate por acompañar a tu ser querido durante esta experiencia, haciéndolo con tanto cariño como lo haces. Pasar por ello no te quita el derecho de poder enfadarte, ni le quita la capacidad de frustrarte a otras situaciones o personas.

Tu tristeza también es importante, atiéndela. Cuidado con esta culpa maquillada de «hiperresponsabilidad»: haz el ejercicio de observar qué situaciones te hacen sentir culpable y ponlas en perspectiva. ¿Cuál es tu locus de control en esta situación? ¿Acaso puedes estar poniéndote objetivos difíciles de alcanzar, o sientes que debes cumplir alguna penitencia por algo que no pudiste evitar? Recuerda que eres humano y, por tanto, cometes errores. Señalarlos con lupa para castigarte por ello no solucionará nada; perdonártelos, en cambio, puede ser un alivio. ¿Acaso serías tan duro/a con otra persona, le juzgarías por sentirse como se siente o le criticarías por llorar? También puedes quejarte: no eres mala persona por no querer lidiar con esto. Conectas empáticamente con el sufrimiento de tu ser querido y quieres que se encuentre mejor para que ambos dejéis atrás esta etapa. Desear que acabe el sufrimiento no te hace egoísta, sino que habla de tu agotamiento y de la necesidad de descanso para poder tomar fuerzas y continuar.

Ya ves que manejar tus emociones requiere tiempo para saber qué y cómo lo sientes, comprensión empática y constancia para repetirte una y otra vez que puedes sentirte como te sientes. Sé amable contigo/a mismo/a, estás haciéndolo lo mejor que puedes y como puedes, y eso está fenomenal.

Cuidarte cada día hará que no llegues a sentirte en el extremo de «no puedo más». No obstante, desatender estas necesidades supone un riesgo para que tú también sufras. Si sientes que has llegado al límite o que esto te consume, para, pregúntate qué está pasando y prioriza. Esto no significa que abandones a tu ser querido, significa que tus recursos se están agotando y debes ver cómo gestionar mejor esta situación. Lo ideal es que no llegues a esta sensación de estar a punto de explotar, pero si llega, tú también tienes derecho de recibir ayuda profesional. Puedes solicitar apoyo terapéutico e iniciar tu propio tratamiento psicológico, tanto de terapia individual como de terapia grupal. Encuentra espacios que te sirvan de vía de escape, de liberación y elaboración de tu experiencia personal. Los grupos de ayuda mutua (GAM) están conformados por personas que se encuentran en situaciones similares, se reúnen sin la presencia de una figura profesional y juntos buscan darse apoyo y orientación. En el siguiente capítulo encontrarás más información sobre las características de este formato grupal.

Compartir los cuidados

Finalmente, es importante compartir las tareas de cuidado para que no recaiga todo el peso sobre una sola persona. Habla con otras personas implicadas en el proceso de recuperación de tu ser querido para repartir las tareas. Aprender a delegar es todo un reto, especialmente si te cuesta negarte cuando alguien te pide que cumplas con más tareas o si te sientes obligado a satisfacer las necesidades de los demás, a menudo pasando por encima de tus propias necesidades. Acepta que no puedes llegar a todo e intentarlo supone un precio muy alto, por lo que es momento de aprender a decir «no» y comunicarte asertivamente con el entorno. Habrá situaciones que no puedas manejar u otras funciones que pueden resultar ser demasiada carga. En estos momentos debes ser honesto/a con los demás, pero sobre todo, debes serlo contigo mismo/a sin que vaya asociado a la culpa.

Nunca «compartir es vivir» tuvo más sentido que ahora. Comparte no solo tus emociones con tu red de apoyo, sino comparte también funciones o recursos. Pedir ayuda no es un signo de debilidad o de ineficacia. Pedir ayuda también es un acto de amor hacia tu ser querido, de aceptar humildemente tus capacidades y límites y de buscar apoyos diferentes e igual de eficaces. No sabemos cuánto tiempo durará esta situación, y ojalá que sea lo más breve posible; hasta entonces, será fundamental planificar el futuro para anticipar dificultades y repartir el cuidado para prevenir la fatiga emocional. Esta distribución puedes hacerla por varias vías, pero principalmente por dos recursos: profesionales y no profesionales.

Por un lado, distribuir con equipos profesionales las funciones y tareas comienza por informarse adecuadamente de la situación que acontece a tu ser querido y los servicios que pueden ser beneficiosos. Cuanto mejor conozcas la condición de tu ser querido, las características, las dificultades y las necesidades, mejor será la búsqueda de medios para atenderle. Infórmate también sobre los recursos que ofrece la comunidad o los servicios sociosanitarios, para lo que puedes consultar al profesional de referencia o a asociaciones y entidades especializadas. Estos servicios pueden pertenecer a la administración pública o bien a agrupaciones de familiares y profesionales dedicados a la cobertura de diversos requerimientos: recuperación, alojamiento, ocupación, transporte... Existen asociaciones, organizaciones cívicas o religiosas y servicios comunitarios orientados a diversas poblaciones (salud mental, grupos de edad, discapacidad física...) que también pueden ofrecerte ayuda. A su vez pueden contar con personal voluntario dispuesto a colaborar contigo. En ocasiones recibir este apoyo hace que la persona cuidadora tema por si la persona cuidada no va a ser bien atendida, o puede pensar que otras personas no van a entender mejor la situación o conocer realmente sus necesidades. Parte del proceso de recibir ayuda es aceptar que esta puede ser diferente a la que le procuramos a nuestros seres queridos, pero no por ello peor.

Por otro lado, puedes pedir ayuda a otros familiares, amistades o personas significativas del entorno cercano. Habla con tu ser querido y consensuad qué personas cercanas le gustaría tener cerca para poder acompañarle en este proceso de recuperación. Aunque no existe un número ideal de personas que colaboren, sí es cierto que puede generarle malestar si la persona ayudada percibe que son demasiadas. La clave entonces está en que quien participe debe conocer la situación, preferencias, necesidades, consideraciones, indicaciones concretas... y hacerlo de corazón. Cómo pedir esta ayuda determinará la implicación de cada cual: por ejemplo, no pedirla a las demás personas que convivan con la persona ayudada porque «deberían caer en ello, es evidente, es algo que debería nacerles...». No todo el mundo es igual de consciente, y si no se habla abiertamente de los requisitos de la circunstancia, varias personas pueden quedarse fuera del proceso de acompañamiento «por despiste». Lo que a unas personas nos parece muy intuitivo, para otras no lo es tanto. Negociad en función de las habilidades de cada participante, de las preferencias, de la disponibilidad, de la dificultad de la tarea... A tu alrededor hay gente deseosa de echarte una mano, no les prives de esa posibilidad y acordad cuáles serán las indicaciones a seguir. La ayuda puede ser de tiempo, estableciendo turnos y actividades; de esfuerzo, haciendo una lista de obligaciones y quehaceres; o también puede ser económica, repartiendo los gastos relacionados con el proceso de recuperación.

* * *

Ahora que sabes cómo relacionarte y ayudar a una persona que atraviesa una experiencia suicida, y que conoces la importancia de cuidarte mientras cuidas, es momento de cambiar el foco y ponerlo en primera persona. En el siguiente capítulo encontrarás múltiples herramientas que ayudan a salir de la crisis suicida a quien la atraviesa. Si eres agente de ayuda, este capítulo ampliará tu repertorio; si eres quien está atravesando una experiencia suicida, ojalá que el siguiente capítulo sea entonces el que te resulte más útil de todos.

Capítulo 8.
En primera persona: el camino de la recuperación. Prevención de recaídas

Si tú eres la persona que está viviendo una experiencia suicida, este capítulo es para ti. Si has pensado en el suicidio, si te autolesionas, si tienes un plan o si has realizado un intento suicida: gracias por llegar hasta aquí. Aferrarse a la vida es un trabajo en ocasiones harto difícil cuando se nos acumulan los factores de riesgo; hacerlo es un acto de esperanza por encontrar una alternativa, es un acto de amor hacia las personas que te importan y hacia tu propia vida, incluso cuando tienes sentimientos encontrados. Es un acto de fuerza enorme para no dejarse caer. Gracias por agarrarte fuerte: tú puedes salir de esta. En este capítulo encontrarás múltiples asideros en los que apoyarte. Hazlos tuyos, piensa mucho en ellos y dale varias vueltas, porque tal vez no te encajen al 100 % algunos de ellos tal y como te los planteo, pero sé que puedes personalizarlos y hacer de ellos tu propia versión. Esta es la materia prima, y tú debes hacer tu traje a medida con ella.

Entre profesionales que nos dedicamos a la atención de personas con experiencia suicida y allegadas existen dos términos: *sobreviviente* y *superviviente*. *Sobreviviente* es quien ha realizado un intento suicida, pero por el motivo que sea (falló el método, fue rescatado, dio marcha atrás...) salvó la vida; *superviviente*, en cambio, hace referencia a aquellas personas afectadas por la pérdida de un ser querido fallecido por suicidio. En el último capítulo de este libro abordaremos la experiencia de los supervivientes y aprenderemos cómo acompañarles en el duelo; sin embargo, en este capítulo no quiero hablar de sobreviviente, ya que hay personas que no se sienten cómodas con ese término, precisamente por la carga emocional y cultural asociada. Tú eres mucho más que la crisis suicida, así que si quieres encontrar una palabra con la que te identifiques, este es el momento: luchador/a, resiliente, perseverante, valiente... O tal vez no necesites etiqueta alguna, ¡la decisión es tuya! En este capítulo abordaremos precisamente cómo relacionarnos con este suceso, cómo resignificar lo ocurrido.

La *prevención* está orientada al esfuerzo por impedir que aparezcan los factores de riesgo y precipitantes de la experiencia suicida y de un intento, la *intervención* hace referencia al trabajo inmediato cuando aún no ha ocurrido el intento pero el riesgo es considerable, y cuando ha ocurrido un intento suicida hablamos de *postvención*, que está orientada a evitar futuras crisis suicidas y a reducir las secuelas que la crisis suicida ha producido en la víctima. Podríamos decir, además, que la postvención incluye la intervención (acción directa sobre el proceso de recuperación) y la prevención (de recaídas).

Existen múltiples métodos eficaces para controlar los factores intervinientes en la experiencia suicida. Algunos de ellos son el tratamiento farmacológico, especialmente si hay un diagnóstico que afecte a tu salud mental; el tratamiento psicoterapéutico, con terapias como la cognitivo-conductual, la dialéctico-comportamental, o la basada en la resolución de problemas; la elaboración de un plan de emergencias... En las próximas páginas encontrarás muchas herramientas que te ayudarán a comenzar, o retomar, el camino de la recuperación. Todas tienen algo en común: tú decides. ¿Recuerdas el ejemplo empleado en el capítulo 4 sobre el coche y los factores de riesgo? Pues en este capítulo todas las herramientas tienen en común que tú eres quien conduce. Tú tienes el poder de recuperar el control de tu vida comprometiéndote con tu propio proceso de recuperación. Claro que habrá más gente que te apoye: vamos en tu coche, te acompañamos en el camino y te aconsejamos. Pero tú conduces. La recuperación no es el destino, sino la hoja de ruta, los desvíos, paradas y objetivos que tú establezcas. Marca el itinerario del viaje, y quienes vayamos en tu coche tenemos la suerte de apoyarte, orientarte, conocer tus destrezas y, por qué no, de apreciar cada paso avanzado en el camino. Será importante, por lo tanto, que sintonices en tu radio la comunicación asertiva para que haya un buen ambiente; que trabajes en conocerte y comprenderte, porque así mejorará tu autoestima y autopercepción; y que la gestión emocional y la resolución de conflictos sean tus mejores reflejos para actuar con el entorno.

Puedes hacerlo. ¡Vamos allá!

PARTE 1: TÚ, CONTIGO

Tú eres el/la responsable de tu vida. Está bien necesitar apoyo, al fin y al cabo eres humano, no puedes (ni debes intentar poder) con todo. Así que está bien necesitar el apoyo de otras personas pero no depender de ellas porque habrá veces que tengas copiloto, otras que lleves pasajeros... pero siempre, siempre, vas a conducir tú. La compañía es necesaria, pero no imprescindible. Habrá ocasiones en las que no habrá nadie más en tu coche, y continuarás por tu camino. Elige bien a tus compañeros/as de viaje y de vida, y cuídate por encima de todo. A la vida, como al coche, hay que tenerle respeto, pero nunca miedo.

Por eso, a continuación, te presento las herramientas-semáforo. Las cinco primeras corresponden a la luz roja, que indica que debes frenar y ponerlas en acción de manera inmediata.

Las cinco siguientes corresponden a la luz ámbar, que indica que debes tomar precauciones y mirar bien antes de arrancar. Las cinco últimas corresponden a la luz verde, que indica que arranques poco a poco y aceleres a tu ritmo. Existe una gran variedad de aplicaciones para el móvil de todo tipo que pueden ser grandes aliadas: explora las herramientas virtuales que también puedan servirte de ayuda.

LUZ ROJA (R1-R5)

R1. Realiza un Plan de seguridad

El Plan de seguridad es un recordatorio autogestionado al que debes tener acceso rápido, pues te ayudará a saber qué hacer cuando vuelvas a encontrarte en una situación crítica. Elabora este plan tú, para lo cual debes ser honesto/a contigo mismo/a y, si te parece bien, puedes pedirle a alguien de tu confianza que te eche una mano. Con este plan te comprometes contigo mismo/a a no hacerte daño y a encontrar alternativas.

Para elaborarlo debes ser consciente, primero, de tus factores influyentes: protección, riesgo, precipitantes y señales de alarma. Puedes ayudarte de una tarjeta como la que tienes de ejemplo en el capítulo 4. Identifica eventos que puedan disparar la angustia: una fecha, una situación, concreta... y cuáles son las señales de alerta de que algo no va bien.

Después, planifica qué vas a hacer cuando percibas que no te encuentras bien y aparecen las señales de alerta. Estas actividades deben ponerte a salvo, ponerte en activo y ponerte en contacto con otras personas. Aléjate o elimina aquello que pueda dañarte, como objetos peligrosos (pastillas, objetos afilados...), el consumo de sustancias (drogas, alcohol...) o estímulos que empeoren tu estado de ánimo (rabia, tristeza, frustración...). Si en ese momento tienes que tomar una decisión importante, pospónla para más tarde y no te dejes llevar por la impulsividad. Recuerda que la angustia es transitoria y resoluble, la muerte no. Has superado otras crisis, ¡así que la experiencia dice que podrás con esta! Incluye actividades que puedas hacer por tu cuenta que tengan tu mente ocupada y te pongan en marcha: cocinar un plato que te guste, ver tu serie favorita, sacar a tu perro, dar una vuelta, ir a un sitio tranquilo...

Añade una lista de personas que puedan ser tus aliadas en este plan con las que puedas charlar, salir, hablar por teléfono, compartir tus pensamientos y sentimientos, etc. No te quedes solo/a con tu malestar y busca compañía. Deben ser personas de tu confianza que sean conscientes de tu situación y de este plan, que te hagan sentir bien y que te apoyen. Pueden ser familiares, amistades, personas de tu entorno académico-laboral, profesional de referencia...

Finalmente, añade en tu agenda de contactos al menos cinco teléfonos de atención urgente a los que puedas llamar: 112, teléfono de la esperanza, teléfono contra el suicidio, centros de escucha... Encontrarás algunos de estos recursos al final de este libro. Si los anteriores pasos no dan resultado, si tus personas de confianza no están disponibles en ese momento, debes recurrir a estos contactos de emergencia.

Aquí tienes un ejemplo de cómo puedes plasmar tu plan de seguridad:

R2. Prepara tarjetas de emergencia/afrontamiento

Las tarjetas de afrontamiento son aquellas que puedes tener a mano para llevar a cabo en tu Plan de seguridad de manera que realizándolas te sientas mejor. En cada tarjeta debes describir, dándote instrucciones, qué vas a hacer y cómo vas a hacerlo. Así, cuando actives el plan de seguridad las tendrás a mano para evitar bloquearte y tener varias alternativas. Elige

Yo, (escribe tu nombre).., en el momento en que observe mis propias «señales de alarma» que me dicen que estoy empezando con la ideación de suicidio:

1. ....

2. ....

3. ....

Voy a contactar con mis apoyos:

1. .... Tel.: ....

2. .... Tel.: ....

3. .... Tel.: ....

4. .... Tel.: ....

5. .... Tel.: ....

A mis apoyos les contaré cómo me siento y qué es lo que estoy pensando. Seré sincero/a con ellos. Intentaré no encontrarme solo/sola en este momento y que alguno de mis apoyos esté conmigo.

En caso de que me siga encontrando mal puedo llamar a los siguientes recursos de ayuda:

1. ....

2. ....

3. ....

En caso de que mi PLAN falle y exista un riesgo inminente, llamaré al 112 o al Teléfono de la Esperanza o acudiré a urgencias del hospital más cercano.

Fuente: Oficina Regional de Salud Mental, Comunidad de Madrid, 2014.

una y ponla en marcha. Por ejemplo, «Cuando perciba X señal de alerta, voy a salir a dar un paseo de media hora escuchando el último disco de mi grupo favorito. Caminaré al ritmo que me apetezca, centrándome en la sensación de mis pies apoyándose en el suelo, y sabiendo que me encontraré mejor poco a poco».

Puedes hacer otro tipo de tarjetas, que aparezcan cuando los pensamientos negativos te hagan daño. Anota un pensamiento en cada tarjeta, y en la cara opuesta de cada uno vas a anotar cómo contradecirlo. Si te cuesta encontrar un argumento, imagina que alguien a quien aprecies te expresa ese pensamiento, ¿qué le dirías para hacerle sentir bien? Por ejemplo, en un lado de la tarjeta un pensamiento puede ser «No sirvo para nada, todo lo hago mal» y en el lado opuesto una respuesta más compasiva, «Es cierto que no soy perfecto, hay cosas que no sé hacer, pero puedo aprender y ayudarme de mis habilidades X e Y para mejorar».

R3. Haz una lista de razones para vivir

Escribe una lista con los motivos que tienes para vivir. Puedes hacerlo en papel, escribirla en un documento en tu ordenador, en una nota del móvil... en el formato que quieras, pero debes tener esta lista a mano. Escríbela en un momento de tranquilidad, incluso pueden ocurrírsete más motivos en distintos momentos o días. Cuanto más nutrida esté la lista, mejor.

En esta lista puede haber todo tipo de razones: el único criterio es que te ilusionen, te hagan feliz o te ayuden a estar mejor. Pueden ser objetivos y metas que te gustaría alcanzar, personas a las que quieras, eventos que vayan a ocurrir en el futuro y tengas ganas de presenciar. Acabar la formación que estás haciendo, comer en aquel restaurante tan bueno, ir al concierto de tu grupo favorito, viajar a ese destino que tantas ganas tienes, ver crecer a los peques de la familia...

Incluye aquellas actividades que te gustan, te relajan o se te dan bien. Jugar con tus gatos, dar largos paseos con tu perro, cuidar de tus plantas, mejorar tus habilidades en el deporte que estás practicando, aprender a tocar un instrumento...

R4. Construye un kit de la esperanza

¿Alguna vez has visto en las pelis el clásico martillo que pone «romper en caso de emergencia» para abrir una manguera, un extintor o incluso frenar el metro ante una emergencia? Pues cuando haya una emergencia lo que vas a rescatar es este kit de la esperanza, que hará de botiquín para las heridas emocionales que se abren en momentos de angustia. Puede ser una caja que contenga fotos u objetos que te traigan buenos recuerdos. Saca tu lado artístico y decora esta caja para que sea tan bonita por dentro como por fuera, ponle pegatinas, píntala, haz que parezca un cofre, escribe algo en ella... Guarda en su interior tus mejores tesoros: conchas del viaje a la playa que hiciste, la pulsera que te regaló tu madre, la entrada de aquella peli tan genial que viste en el cine, fotos de todo tipo con gente en distintos momentos de tu vida... Puedes escribirte mensajes positivos en pequeñas notitas de colores: «Tú puedes con esto», «Que nadie apague tu luz, porque sabes que eres brillante», «Lo estás haciendo genial, campeón»... Escribe el estribillo que te gusta cantar a pleno pulmón y te saca todos los males, tu poema favorito, imprime los memes y chistes que más gracia te hagan.

Elaborar este kit puede ser muy sentimental, que te conmueva y te ayude a reafirmarte en los motivos que tienes para seguir viviendo. Disfruta haciéndolo para que, cuando lo necesites, te llegue esa ilusión.

R5. *Descarga la app* PrevenSuic

Si lo tuyo son las nuevas tecnologías y tu móvil va siempre contigo, esta aplicación va a ser uno de tus mayores aliados. Ha sido creada por profesionales para la prevención del suicidio, ocupa muy poco espacio, su uso es superintuitivo y puedes descargarla de forma totalmente gratuita en la Play Store o Apple Store. Verás que en la página principal tiene cuatro botones: «Tengo ideas suicidas», «Me preocupa alguien», «Soy un profesional sanitario» y «+ información». Puedes animar a otras personas a descargarla y familiarizarse con ellas, pero la parte que a ti te interesa es la primera.

En ella vas a encontrar que aglutina varias de las herramientas que hemos mencionado, como elaborar tu plan de seguridad, anotar tus señales de alerta, escribir tus razones para vivir, una lista de contactos a quienes llamar o subir fotos que te hagan sentir bien. Es una muy buena manera de tener estos recursos siempre a mano; así, estés donde estés, puedes consultarlos y ponerlos en marcha cuando lo necesites.

Además, hay varios documentos de interés y un botón de llamada al 112.

LUZ AMARILLA (A6-A10)

A6. *Prioriza los autocuidados*

Mens sana in corpore sano («mente sana en cuerpo sano»), ¿te suena? Está claro que cuerpo y mente están conectados, y que nuestro bienestar emocional afecta a nuestro bienestar físico y viceversa. Vimos que según la OMS la salud incluye la salud mental, la salud física y la salud social. Es posible que después de una crisis, o si llevas una temporada que no te sientes bien y tu estado de ánimo está afectado, tu salud física también lo esté sintiendo. Cuando pasamos mucho tiempo mal, una de las señales de alerta es precisamente descuidar nuestro cuerpo y nuestro aspecto, por lo que una buena vía para comenzar a sentirse mejor es retomar hábitos de autocuidado o adquirir unos nuevos.

Observa, por ejemplo, la ropa que utilices últimamente. No sé si antes eras una persona coqueta, pero estoy segura de que tienes prendas favoritas, con las que te sientes bien. Puede que hace tiempo hayas cambiado tus vaqueros favoritos por un chándal, la camisa que mejor te queda por una camiseta de pijama, o tus zapatos preferidos por otras zapatillas más rotas. Tal vez has dejado de arreglar tu pelo, tu barba, ya no utilizas maquillaje o colonia. A veces puede pasar que ducharse, cortarse las uñas o lavar la ropa haya dejado de estar en tu lista de tareas de autocuidado. No te preocupes, no eres el único o la única. Es hora de retomar esos hábitos y encontrar en el espejo a la persona que amas, la que va a estar contigo siempre, la que merece respeto y la mejor de las atenciones. Viste la piel y la ropa con la que mejor te sientas. No hablo de comodidad necesariamente, sino de ese *look* o esa apariencia que es tan tuya y con la que te sientes bien. Tu aspecto habla de ti: que diga que estás encontrándote mejor.

Menos conocida y no por ello menos importante es la higiene del sueño, que se refiere a los hábitos que cuidan del sueño y los ciclos sueño-vigilia. Esto es tan importante cuando hay problemas de insomnio (dormir poco o mal) como cuando hay hipersomnio (dormir demasiado). Se trata de llevar a cabo la práctica del descanso efectivo mediante conductas y rutinas a lo largo del día y antes de dormir. Así, por ejemplo, se incluyen el control de factores ambientales (dormir sin ruido ni luz, a una temperatura agradable y con ropa cómoda), tener un horario estable para acostarse y levantarse, no tomar siestas de más de 45 minutos, no ingerir alcohol o cafeína hasta 4h antes de dormir, tomar una cena ligera al menos 2h antes de acostarse, o limitar el uso de la cama para dormir o la actividad sexual, y no para trabajar, leer o cualquier otro tipo de actividad.

Otra forma de cuidado es el equilibrio nutricional. Lo que comes, cómo comes o cuánto comes afecta a tu estado de ánimo y a tu estado físico. A nuestro cuerpo le afecta el comer poco, comer demasiado, o comer mal y poco nutritivo. Y no, no hablo necesariamente de ponerse a dieta, sino de llevar un estilo de vida saludable en el que no haya atracones, hidratación insuficiente, consumo excesivo de estimulantes (cafeína, teína o bebidas energéticas), restricciones de alimentos, exceso de comida basura o falta de nutrientes. Tu cuerpo necesita la energía que extrae de la comida. Existen cientos de libros sobre nutrición saludable, el hambre emocional o la conexión entre la conducta alimentaria y nuestro estado emocional. Y, por supuesto, existen profesionales que pueden ayudarte con ello. Ponte objetivos realistas que te acerquen al equilibrio, encuentra los apoyos y herramientas necesarias, y estarás cuidando, literalmente, de cada célula de tu cuerpo. Tu cuerpo contiene tu posesión más preciada, que es tu mente, por lo que tan importante es cuidar del contenido como del recipiente. Esto incluye, además, la toma de cualquier tipo de medicamento que necesites y los chequeos médicos de la especialidad que precises.

Finalmente, las necesidades sociales, el nivel de actividad física y el cultivo de actividades gratificantes es muy necesario. En los siguientes apartados encontrarás recomendaciones que atiendan a estas necesidades.

A7. Desarrolla y establece una rutina

Desarrolla y establece una rutina con la que te sientas bien. Estructurar el día sacará a tu mente del embotamiento y la confusión, te ayudará a sentirte más activo/a y esto facilitará que te vayas encontrando mejor. Ojo, que no se trata de estar todo el día haciendo cosas hasta agotarse, ni pasar de «cero a cien», ni acabar agobiándote. Se trata de romper con la inactividad gradualmente. «Cuando el diablo no tiene qué hacer, con el rabo mata moscas», ¿alguna vez has oído este refrán? Se refiere a que el aburrimiento lleva a la sensación de derroche o pérdida de tiempo, y es que cuando se está demasiado desocupado y se tiene el tiempo por castigo, es cuando puede comenzar la espiral de la desmotivación, falta de energía, anhedonia, estado de ánimo bajo...

La mente humana necesita cierta rutina para saber qué hacer y cómo comportarse; si no la tiene es cuando aparece el aislamiento, la sintomatología negativa, dormir demasiadas horas al día, o pasar horas y horas en el sofá o la cama rumiando pensamientos que no llevan a buen puerto. Distingue por tus actividades cuándo es entre semana y cuándo es finde, cuándo es por la mañana y cuándo es por la tarde, porque cuando uno ha estado mucho tiempo sin salir o con un nivel de activación muy bajito, se puede perder cierta noción del tiempo, lo que empeora el estado de ánimo y la sintomatología negativa. Encuentra el equilibrio ocupacional entre actividad, descanso, autocuidado, ocio, vida social...

Tal vez no te apetezca o no te sientas con ganas de hacer algo, y es normal: pasar mucho tiempo inactivo hace que uno, por inercia, se quede con ese nivel de actividad y sea difícil cambiarlo. A veces es un círculo vicioso: «No hago nada y eso hace que me sienta mal, y como me siento mal, no hago nada, y eso me hace sentir peor, entonces me muevo aún menos...». Hay que romper ese círculo. No esperes a que llegue la motivación para hacer algo, porque si hace tiempo que no te motiva nada, es difícil que esto ocurra; al contrario, a menudo la motivación no aparece antes de una acción, sino durante la misma o al acabarla. El esfuerzo puede ser lo que te movilice, y esta es la clave: esfuerzo. El cambio que para ti suponga un reto, un primer paso que te eche a andar, aquello que te suponga superar barreras, será lo que te active. No se trata de hacer una maratón cuando llevo muchos días encerrado en casa, pero un pequeño paseo de diez minutos puede ser la chispa adecuada para comenzar la reactivación.

El inicio puede ser establecer un horario muy sencillo para las comidas y las horas de sueño, cubriendo las necesidades físicas básicas. Después ve introduciendo otras actividades significativas que vayas a practicar regularmente: hacer alguna tarea de casa, salir a dar una vuelta, retomar algún *hobby*... Poco a poco se irán regularizando y te irás sintiendo mejor, con más capacidad de alcanzar objetivos más grandes y que al principio estuvieran lejanos, como volver al trabajo, realizar una formación, participar en un voluntariado o practicar ejercicio físico.

La clave en todo esto es graduar el tiempo y energía, estableciendo objetivos y tiempos realistas. Un ejemplo muy gráfico de esto es imaginar que tu objetivo parece demasiado grande: comer una *pizza* familiar. No se puede comer de un bocado una *pizza* entera, ¿verdad? Pues este objetivo tan grande lo vas a trocear en porciones más pequeñas. A su vez, a cada subobjetivo/porción habrá que darle varios bocados y masticar bien cada bocado para que no se nos atragante el objetivo, pues podría empujarnos a querer abandonar. Recuerda que tú eliges la *pizza*-gran objetivo, tú cortas en objetivos-porciones, y tú decides a qué velocidad quieres ir. Habrá veces que necesites ir despacio y dar bocados más pequeños; otras veces podrás hacerlo más rápido y con bocados más grandes. Intenta disfrutar del proceso, observando cuánto llevas avanzado, sin meterte prisa por lo que aún no has alcanzado.

A8. *Entrenamiento en resolución de problemas*

Como hemos visto a lo largo de esta guía, la dificultad para enfrentarse a problemas o la falta de herramientas para resolver situaciones difíciles son factores de riesgo para vivir determinados momentos con intenso malestar y sensación de indefensión. Los bloqueos cuando uno se siente abrumado o desesperanzado son muy humanos, y cuando uno se siente sobrepasado por un problema posiblemente lo vea como irresoluble. No obstante, igual que el entrenamiento físico prepara y fortalece el cuerpo, para fortalecer las habilidades psicológicas también se puede llevar a cabo un buen entrenamiento. Te propongo hacer el siguiente ejercicio para comenzar un cambio.

✎ EJERCICIO DE RESOLUCIÓN DE PROBLEMAS:

Toma un folio y ponlo en horizontal. Pon un título en la cabecera que describa el problema a resolver; cuanto más específico y menos genérico, más fácil de atajar. Por ejemplo, en lugar de «llevo mucho tiempo mal», que es muy genérico, puedes hacer referencia a lo que realmente te dificulta afrontar una situación, así que puedes escribir «Me siento desesperanzado y no sé cómo lidiar con este sentimiento». Debajo vas a hacer tres columnas: *ranking*, solución, y pros y contras de cada solución. Escribe diez posibles soluciones que puedas llevar a cabo. Por muy simple, tonta o sencilla que te parezca: si crees que puede servirte de ayuda, escríbela en la segunda columna. Tómate el tiempo que haga falta y cuando ya estén las diez alternativas, escribes los pros y contras de cada solución en la columna de la derecha. Finalmente, pon en la balanza la rentabilidad de estas alternativas (las que más viables sean, o las que te sientas más capaz de hacer, ordenadas por dificultad) y establece una jerarquía, ordenando de mayor a menor las opciones con más «pros» que «contras». A la izquierda de cada solución, en la columna de *ranking*, escribe cuál es su posición, de manera que probablemente la solución con más «pros» y menos «contras» será la primera solución, y la décima será aquella con más «contras» y menos «pros». Ahora que has establecido esta prioridad, comprométete a llevar a cabo esta alternativa en un plazo de tiempo relativamente corto, por ejemplo, una semana. Cuando acabe ese periodo habrá que evaluar el impacto o cambio que haya producido. ¿Cómo de eficaz ha sido? ¿Podría hacerse mejor? Si se ha empezado un cambio, ¿podría combinarlo con la segunda solución para que tenga un impacto más positivo? Tras la evaluación, elige cómo vas a proceder nuevamente, cuál es el nuevo plazo, y después realiza la evaluación de este nuevo periodo. Así sucesivamente.

Ranking	Solución	Pros y contras
	Solución A	Pros:
		Contras:
	Solución B	Pros:
		Contras:
	...	

Describe la primera alternativa que vas a llevar a cabo, durante cuánto tiempo vas a ponerla en marcha, y cuando acabe este periodo, haz la evaluación de resultados.

Solución: ....

Cuántos días: ....

Resultado: ....

....

....

....

....

....

....

Solución: ....

Cuántos días: ....

Resultado: ....

....

....

....

....

....

....

A9. Trabaja sobre tus distorsiones cognitivas

En el capítulo 4 hablamos del locus de control y cómo la atribución que hacemos de las cosas que nos suceden afecta a nuestra forma de pensar, de actuar y de relacionarnos con el entorno. A su vez esto está relacionado con las distorsiones cognitivas que puede tener una persona con depresión y que puede presentar una persona con experiencia suicida. Aaron Beck proponía cultivar la esperanza, sabiendo que los problemas son puzles que en ocasiones son tan complicados que se necesita ayuda, pero que siempre se pueden resolver. Para producir una reestructuración del pensamiento capaz de modificar estas distorsiones cognitivas existen distintas técnicas y métodos.

- Identifica los factores influyentes en tu experiencia suicida, así como las distorsiones cognitivas que tengas más presentes. Reconocer estos elementos facilitará tu camino en la recuperación, permitiendo que encuentres nuevas alternativas y desarrolles diversas habilidades.

- Cuéntate a ti mismo/a lo que ha pasado, y reformúlalo. Encuentra metáforas que te hagan darle una narrativa diferente al problema. Saca tu lado creativo que te ayudará a explicarte lo que ocurre y cómo puedes darle otro enfoque para verlo con una perspectiva completamente nueva.

- Utiliza el cuestionamiento socrático. Haz una reconstrucción de las situaciones que «disparan» alguna de las distorsiones cognitivas y encuentra los factores precipitantes. Pueden ser internos o externos, y son los que generan el malestar. Ubica entonces cuál es la cadena, tu proceso de pensamiento en estas situaciones que te mete en una espiral dificultando que resuelvas el problema. Reflexiona, pregúntate sin culpar, explora, descubre y aprende. Hacer este ejercicio con otra persona que conozca el cuestionamiento socrático te ayudará a tener una perspectiva diferente. La otra persona no debe darte consejos u opinar, sino ayudarte a conocerte a ti mismo/a y encontrar ideas creativas para cambiar tu proceso de pensamiento ante estas situaciones.

- Dale una vuelta a tus «no puedo», «no soy capaz», «no quiero», «es imposible»... Aprende a desafiar tus propias ideas y ampliar tu campo de visión para combatir el efecto de la visión túnel.

- Practica la autoobservación. Empieza a hacer ejercicios de consciencia emocional, fijándote en tu respuesta emocional ante diversas situaciones. Identifica tus emociones, ponles nombre, encuentra cómo las sientes en tu cuerpo, cómo las gestiones, cómo las expresas... El autoconocimiento emocional es clave para poder mejorar el estado de ánimo y prevenir recaídas.

- Relativiza. Que hoy estés mal, que lleves una temporada mal, no significa que vayas a estarlo siempre. Que no encuentres una solución no significa que no la haya. Cuestiónate a ti mismo/a la magnitud real de lo que ocurre a tu alrededor.

- Desafíate para encontrar nuevas técnicas de afrontamiento. La ideación suicida, la evitación de situaciones o la negación de otros problemas son técnicas de afrontamiento que no te sirven. Pon en marcha la resolución de problemas.

A10. Cambia tu narrativa interna

Un elemento que utilizamos en el enfoque humanista para comenzar el cambio es el reconocimiento del crítico interno, que es esa voz interior que nos señala las cosas que hacemos mal, que nos echa en cara los errores, que nos desanima, que nos manda mensajes tan dolorosos como que no somos capaces o que somos una carga para los demás. Este autocrítico puede estar tan interiorizado que ni nos demos cuenta de su existencia pero sí vivimos sus efectos, por lo que el primer paso es darse cuenta de qué mensajes nos manda este autocrítico. Cómo nos hable el autocrítico refleja cómo nos hablamos a nosotros/as mismos/as, cómo nos relacionamos con nuestras emociones, y cuando no tenemos el control del crítico interno se despierta una experiencia emocional cargada de negatividad. Este crítico, que lleva tanto tiempo con nosotros/as, tiene una medalla a la crueldad y un cero en compasión. Cuando encuentres a este crítico y los mensajes que te mandas a ti mismo/a mediante esta voz interna, piensa: ¿tratarías así a otra persona? Por ejemplo, ¿pensarías que un ser querido que está en tu situación es un cobarde, un inútil o que estarías mejor sin él? Probablemente no, así que, si no serías tan cruel con otra persona, es hora de dejar de serlo contigo mismo/a. La autoconciencia, la ayuda profesional y el apoyo de tu red de apoyo te ayudarán a cambiar tu manera de relacionarte contigo mismo/a, tu diálogo interno y el lenguaje que utilizas a la hora de hablar de tus emociones, tu historia, lo que te importa, lo que te duele, lo que te gusta...

Este crítico es la parte de ti que ha interiorizado mensajes dolorosos que puedes haber recibido a lo largo de tu vida, pero también es la parte de ti que necesita un cambio. Este crítico habla desde la rabia, el dolor, la tristeza, el miedo... Emociones que a menudo se han quedado atragantadas y hay que ayudar a digerir. Se trata entonces de hacer un proceso de autoconocimiento, de comprensión, de aceptar las luces y las sombras propias, y a partir de ahí comenzar el cambio. Comienza trabajando esta narrativa interna tan incisiva, relacionándote contigo mismo/a desde un lugar más compasivo y comprensivo. Practica la empatía y la comunicación asertiva con tu crítico interno.

Un ejercicio que puede ayudarte es ponerle nombre y cara a este autocrítico. Imagina cómo sería físicamente y cómo se llama para poder dirigirte a él. Por ejemplo, «Soy yo misma arrugando el entrecejo, cruzando los brazos, hablando con rabia y haciendo gestos de mofa. La llamaré Burlona». Visualiza a tu autocrítico y háblale de cómo te hacen sentir sus mensajes, qué necesitas y qué alternativa le propones. «Me haces mucho daño cuando me dices que no me quiere nadie y estarían mejor sin mí, me siento muy triste cuando lo que necesito es sentirme querido/a, valioso/a y respetado/a. Así que en lugar de eso dame alternativas, como llamar a mi hermana, que siempre se alegra de verme y eso me hace sentir bien».

Por otro lado, es importante resignificar la historia de lo sucedido, ya que cómo te cuentes lo que ha pasado influye en tu estado emocional y en tu capacidad para salir adelante. Cambiar la narrativa que tengas de la experiencia suicida va a potenciar tu resiliencia. Acepta sin culpa ni juicio lo que ha sucedido, porque no puedes cambiar el pasado, pero sí cómo puedes abordarlo en el presente para darle un nuevo enfoque a tu futuro. El primer paso comienza por la autoaceptación, y lleva su tiempo, así que debe ser un proceso lento pero progresivo. Asume que hay dificultades, que tienes unas necesidades físicas, emocionales y psicológicas que no siempre podrás cubrir sin ayuda, pues esto no va de Supermanes y «Wonder womans». Nadie puede con todo, e intentar poder con todo siempre genera un gran sufrimiento, así que necesitar ayuda es humano y un acto de amor propio. Buscar el cambio es signo de valentía, no de cobardía, pereza o de una debilidad de la que avergonzarse.

Transitas por una experiencia suicida, que no es fácil y que evidentemente dejará mayor o menor huella en tu vida. Banalizar con lo ocurrido, quitarle hierro o minimizar el impacto emocional solo enquista el dolor, lo que puede ser un factor de riesgo para futuras recaídas. Dale a tus emociones, pensamientos y necesidades la importancia que merecen. Desgrana lo sucedido cambiando la narrativa desde este lugar compasivo, comprendiendo empáticamente tu experiencia. Construye un relato resiliente sobre esta experiencia validando tus emociones, considerando tu capacidad para actuar sobre ello, y otorgándole un papel principal en la historia a tu capacidad para adaptarte, conociendo tu responsabilidad de plantear objetivos y metas realistas que te ayuden en el camino de la recuperación.

LUZ VERDE (V11-V15)

V11. Elabora una «bucket list»

«*Bucket list*» es un término inglés que traducido literalmente no tiene sentido (significa «lista de cubo»), pero cuyo concepto es muy apropiado para la ocasión, pues consiste en una lista de las cosas que a la persona que realiza la *bucket list* le gustaría hacer antes de morir. Vivir no se trata únicamente de estar vivo: vivir se trata de disfrutar de la vida que uno tiene con alegría, con pasión, afrontando las dificultades y avanzando en la dirección que cada cual desee.

Puede que haya pasado un tiempo desde la última vez que algo te entusiasmó, o que lo que antes te apasionaba ahora «ni fu ni fa». Puede que últimamente veas las cosas en el espectro del gris, pero existe una amplísima gama de colores que volverá a tu vida. La anhedonia es frecuente cuando el estado de ánimo ha estado bajo durante mucho tiempo, y la desesperanza es una de las emociones más presentes durante la experiencia suicida. Para combatir esta percepción vas a trabajar para recuperar la ilusión por vivir la vida que a ti te satisfaga. Si la rutina y el equilibrio ocupacional impulsan la progresiva recuperación de la vitalidad, encontrar objetivos y metas significativos reducirá el sentimiento de desvinculación con la vida que puedes estar teniendo. La mente humana necesita metas, objetivos y sueños para dar sentido a su existencia, para saber en qué dirección continuar, tener un horizonte que le guíe y oriente cada día. A veces son objetivos pequeños, otras veces son metas a largo plazo; en ocasiones son sueños realistas, y en otras hay que reajustar las expectativas para llevar a cabo el proyecto.

Antes de elaborar tu *bucket list* repasa primero los valores más importantes para ti, aquellas cualidades tuyas y aspectos de tu historia que más tengas en consideración. Antes de buscar nuevos horizontes explora primero cuáles has tenido, y para ello es importante hacer este repaso cuando vayas encontrándote algo mejor; por eso esta lista está en la «luz verde» del semáforo. Qué objetivos has tenido a lo largo de la vida, qué aspiraciones has tenido, qué sueños has perseguido, cuáles has alcanzado, qué proyectos has abandonado en los últimos meses, cuáles no acabaste y te gustaría hacerlo... Escríbelos, ¡este es un buen momento para observar tu narrativa interna como has aprendido en el punto anterior!

Ahora escribe una lista de metas, sueños, hobbies, deseos, proyectos... que te gustaría alcanzar. Pregúntate: «Si me sintiese mejor, ¿qué me motivaría a salir de la cama cada día? ¿Qué me gustaría lograr?». Igual ahora los ves inalcanzables por cómo te sientes o te ves incapaz de lograrlo por muy realistas que sean; como en el ejercicio de resolución de problemas, si realmente va a ser útil y ayudarte, por pequeño o lejano que sea, escríbelo. Si te importa, escríbelo.

Establece fases a corto, a medio y a largo plazo. No hay un límite máximo de objetivos y fases: tienes toda la vida para alcanzarlos, no hay prisa, mientras haya constancia se puede ir sin prisa pero sin pausa. Lo que sí sería bueno es que encuentres por lo menos un objetivo semanal (corto plazo), uno mensual (medio plazo) y uno anual (largo plazo). Deben ser objetivos alcanzables que vayan más allá de las obligaciones (como los que hayas establecido en el apartado de «establece una rutina»). Serán metas que te hagan sentir bien cuando llegues, que vayan a motivarte, que te llenen, que puedan devolverte la capacidad de ilusionarte. Imagina a tu yo del futuro metiéndose en la cama el día que ha alcanzado cualquiera de esos sueños: ¿cuál será la emoción principal? ¿Cómo te hará sentir? ¿Qué beneficios tendrá para tu yo del futuro obtener estos logros?

Cuando ya los tengas, vuelve a utilizar la metáfora de la *pizza*, sobre todo con los objetivos más grandes o más a largo plazo. ¿En qué submetas puedes dividirlo? ¿Puedes establecer etapas que te acerquen a ello? ¿Qué necesitas para alcanzarlo? ¿Qué herramientas necesitas para lograrlo, cuáles tienes ya y cuáles debes aprender o desarrollar? ¿Cuál esperas que sea el progreso? Con esta *bucket list* estás haciendo un plan para seguir viviendo, pues esta lista de deseos no es estática, sino que, previsiblemente, poco a poco irás incorporando nuevos objetivos, sueños y proyectos que perseguir a lo largo de los muchos años que te quedan por delante.

V12. *Encuentra actividades placenteras*

La experiencia suicida, los síntomas afectivos y los pensamientos destructivos se unen en una espiral de la que es complicado salir sin tener varios puntos de apoyo. Encontrarse en esta situación genera que las aficiones, los *hobbies* y los pequeños placeres de la vida se vean reducidos hasta desaparecer, lo que a su vez potencia el malestar que ha generado esta reducción, empeorando paulatinamente. Lo que antes nos encantaba ha dejado de gustarnos tanto, ya no tiene ese efecto reforzante, no sentimos fuerzas o ganas de hacerlo, o cuando lo ponemos en marcha nos frustra que no fuese tan placentero o se nos diese tan bien como antes, por lo que acabamos abandonando esa actividad y otras que nos hiciesen disfrutar. Casi parece que las sustituyen los «para qué», los «no me apetece», los «qué sentido tiene»... La espiral sigue hacia abajo y en ella bajan nuestras ilusiones y gozos.

Tan importante es activarse, establecer una rutina y marcarse objetivos, como encontrar momentos de descanso y disfrute. Tan necesario es el esfuerzo como la recompensa. Tan vital es dejar de sentirse mal como volver a sentirse bien.

Las actividades agradables tienen un potente efecto sobre el sistema emocional e incluso sobre el funcionamiento cognitivo. Es más fácil retomar algo que había antes que buscar y aprender una nueva afición, así que comienza a introducir en tu rutina diaria aquellas tareas que antes fuesen satisfactorias. Igual que cada día vas a dedicar tiempo a dormir, a ducharte, a comer y otras actividades productivas, dedica a diario un rato a las actividades 3D: descansar, disfrutar y desconectar.

Pueden ser pasatiempos sencillos como hacer puzles, leer, colorear mandalas, escuchar un *podcast*, juegos de mesa, resolver crucigramas o sudokus, cuidar de plantas, informarte y aprender sobre temas interesantes, ver documentales, probar distintos peinados...

Puede ser ejercicio físico que antes realizases y que ahora quieras retomar gradualmente para no lesionarte y disfrutarlo: dar un paseo, hacer yoga, ir al gimnasio, nadar, pasear en bici o, incluso, trabajar en un huerto.

Pueden ser actividades creativas, como tocar un instrumento, bailar, esculpir en arcilla, escribir, practicar caligrafía, dibujar, cantar, tejer, hacer manualidades, tomar fotografías, practicar otro idioma...

También pueden ser actividades cotidianas en las que puedas hacer ejercicios de atención plena y enfocarte en lo que más te gusta de ello: cocinar, conducir por una carretera tranquila, tomar el sol, escuchar a tu grupo favorito mientras vas en transporte, tomar una ducha caliente, mirar el paisaje desde tu ventana, el ronroneo de tu gato, el olor del café por la mañana...

Si entre estas actividades puedes incluir a otras personas, ¡mejor que mejor! Hacer cualquier actividad placentera en buena compañía la convertirá en el doble de gratificante y, además, reforzará tus relaciones sociales. También puedes hacer otras tareas en las que se requieran dos o más personas, que lo hagan más ameno o atractivo, o reconforten en mayor medida, como tener una buena conversación, visitar a un ser querido, hablar de vuestros sentimientos, abrazar, merendar en una cafetería, participar en un foro, jugar al ajedrez, ensayar una canción, comentar una película, ir a un espectáculo, conocer sitios nuevos, intercambiar conocimientos...

Existen muchas formas y manifestaciones de arte que pueden ayudarte a exteriorizar tu mundo interno. Cuando te vayas encontrando mejor, anímate con nuevas actividades que supongan un reto personal que te apetezca. Prueba aquellas que te llamen la atención, que creas que pueden sentarte bien, o sencillamente «picotea» varias de ellas y explora el mundo de la expresividad a través de diferentes vías.

V13. (Re)descubre el poder de la escritura

Escribir puede tener múltiples funciones: comunicarse con otra persona, servirnos de recordatorio, dejar testimonio de algo, inventar relatos, aclarar el pensamiento, desahogarse, expresar distintas emociones... Sirve también para conocerse a uno/a mismo/a, para plasmar la percepción propia de lo que sucede o para poner en orden los pensamientos y después poder comunicarlos a otras personas, sobre todo cuando este pensamiento puede ser confuso inicialmente. Puede, además, servir de diario que dé testimonio del cambio, para que cuando tiempo después se quiera echar la vista atrás, se aprecie el camino recorrido, la metamorfosis por la que se ha pasado, el inicio de la transformación y la transición, se aprecie la comparación entre el pasado y el presente, o proyecte lo que se espere del futuro.

La escritura mecánica (en el ordenador, en las notas del móvil...) facilita el acceso rápido para tenerlo a mano o tenerlo de recordatorio. Sin embargo, la escritura a mano tiene muchos beneficios, lo que la hace más terapéutica: activa la memoria y la atención, tiene un mayor efecto antiestrés, favorece la creatividad, promueve la perseverancia, favorece la psicomotricidad, desarrolla la agilidad mental... Además, tu letra es mucho más personal que las fuentes de letra de los programas ofimáticos.

Compra un cuaderno para plasmar a partir de ahora lo que quieras en él y que todo ello esté recogido en el mismo objeto en vez de en hojas sueltas facilitará, por un lado, que no lo pierdas, y por otro que observes tu propia evolución. Decora las tapas, hazle una portada, colorea los bordes... Dale tu toque personal para que no sea un objeto más, sino una herramienta terapéutica única.

Este cuaderno será tu punto de encuentro contigo mismo/a, en él podrás expresar tus emociones, escribir lo que piensas, decir aquello que no te atreves a contar a otra persona... Es un lugar seguro donde vas a encontrarte con la persona que empezará a conocerte mejor y comprenderte: tú. No hay un mínimo o un límite de extensión: unos días escribirás grandes párrafos, otros puede que sea una pequeña reflexión, otros días, una palabra con un gran significado para ti y otros días te apetezca enrollarte. El único requisito es que tengas este compromiso de escribir todos los días. Tú eliges el momento del día e intenta, en la medida de lo posible, que sea a menudo en el mismo momento. Por ejemplo, un rato antes de irte a la cama puedes preguntarte, como preguntarías a un buen amigo, «Hey, ¿qué tal ha ido tu día? ¿Cómo te sientes?». Exprésate e intenta trabajar la narrativa resiliente, poniendo en práctica todo lo que estás aprendiendo en este libro y en tu proceso personal.

V14. Crea un álbum de fotos

Igual que sucede con la escritura, crear un álbum de fotos deja una gran huella emocional en quien lo elabora y tiene la capacidad de hacer revivir recuerdos y sentimientos. Este álbum va a tener la capacidad de que cada vez que lo mires te hará sentir bien, te ilusionará, te transmitirá paz y esperanza... Si te gustan las manualidades y quieres hacer un álbum físico, dale rienda suelta a la artesanía y prueba con el *scrapbooking*. También puedes optar por el formato digital y elaborar el álbum en tu móvil, en tu ordenador o en «la nube» para que puedas consultarlo siempre que quieras. Utiliza *apps* para modificar las fotos y hacerlas más bonitas, divertidas o emotivas.

Haz una colección de tus fotos favoritas de ti mismo/a en las últimas vacaciones, en un evento especial, recuerdos divertidos de tu infancia... Dicen que quien se ríe de uno mismo es más inteligente, ¡añade fotos en las que no salgas bien pero que te gusten!

Guarda también fotos de gente a la que aprecias, familiares, amistades, compañeros/as del colegio, de tu actual formación, de tu trabajo, de tus animales... Por supuesto, aquí también hay lugar para gente a la que aprecias pero no conoces, como escritores/as, actores y actrices, personajes famosos a los que admires...

Puedes recopilar otras fotos que, por lo que sea, te hagan feliz: lugares a los que quieras viajar, la escena más graciosa de la última película que viste en el cine, el anuncio de un evento al que te encantaría ir, la portada de tu disco favorito, platos de comida que tengas ganas de probar, paisajes que te inspiren tranquilidad, plantas o animales que te gusten...

V15. ¡Súbele el volumen a la música, maestro!

Dicen que la música amansa las fieras, y es que el cuarto arte conecta con nuestro sistema emocional y hasta con el funcionamiento mental. Seguro que tienes canciones, grupos, discos y géneros musicales para distintos momentos. Es todo un clásico encontrar música que nos entristece más cuando nuestro estado de ánimo está decaído, y el efecto contrario, temas que, cuando los escuchamos, nos alegran y aumentan nuestra motivación. Te propongo ponerte en modo DJ y crear varias *playlists* para atender a las necesidades emocionales que tengas, por ejemplo:

- Cuando te sientas muy alterado/a y necesites relajarte, la música clásica, el jazz, la *bossa nova* o el *chillout* pueden ayudarte a «bajar revoluciones».

- Si quieres levantar el ánimo crea una *playlist* de temas que te guste cantar en el coche o en la ducha, canciones que disfrutes a todo volumen y a pleno pulmón, canciones que inevitablemente te hacen mover el cuerpo, de coreografías que te sepas...

- Existen grupos y cantantes especialistas en hacerte reír, algunos de ellos acompañados de un buen rock cómico y otros de música pop o electrónica: Gigatron, Mamá Ladilla, Los Mojinos Escozíos, El Reno Renardo, Toreros Muertos, Las Bistecs, Ladilla Rusa, Ojete Calor... ¡Saca tu lado más desenfadado y musical!

- Puedes hacer otra *playlist* con canciones de fiestas de distintas temáticas: de los 70, de la movida madrileña, *hippies*, canciones del verano a lo Caribe Mix, bandas sonoras de películas, las clásicas de las fiestas de los pueblos...

- Hay géneros musicales casi incompatibles con un bajo estado de ánimo como el *reggae*, el *drum and bass*, el *swing*, clásicos de los 80, *hits* actuales...

- Seguro que hay horas y horas de música que te trae buenos recuerdos y disfrutarás tanto escuchándola como recopilando canciones.

- Crea una *playlist* con los temas más top de tus artistas favoritos: disfruta de las letras, los solos de guitarra, los efectos...

- Explora los muchos subgéneros que hay dentro del metal y descubre lo que te transmite cada uno: *heavy*, *thrash*, *stoner*, industrial, *nu/new*, gótico, folk, *viking/pagan*, *power*, *pirate*, alternativo, sinfónico, progresivo, melódico...

- Si te cuesta dormir o concentrarte, puedes probar con los vídeos de ASMR (por las siglas en inglés que corresponden a «respuesta sensorial meridiana autónoma»), que generan cierto placer auditivo y sensorial. Prueba también con el «ruido blanco», como sonidos del bosque, la lluvia golpeando el cristal de la ventana, las olas del mar o pájaros que cantan en la selva. ¡Hay miles de vídeos en internet!

PARTE 2: TÚ CON MÁS PERSONAS

Hay un proverbio africano que dice «Si quieres ir rápido, ve solo, pero si quieres llegar lejos, ve acompañado». En este camino a la recuperación puedes, y debes, tener compañía y apoyo, profesional y no profesional. Encerrarse en uno mismo es cargar con un gran peso que consume energía y hace más difícil el avance. Por miedo, por vergüenza, por culpabilidad, por no dar trabajo o por el motivo que sea, a menudo reprimimos nuestras emociones y queremos lidiar a solas con nuestro dolor. Intentarlo suele ahondar aún más el sufrimiento, y a menudo esto genera un efecto rebote. Sin embargo, cuando uno busca ayuda y comparte esta carga, cuando comunica su experiencia y expresa sus necesidades, está permitiéndose cuidarse para llegar lejos.

Tu vida es importante, y seguro que encuentras otras personas a las que les importa tu vida: familiares, amistades, compañeros y compañeras, profesionales de distintas áreas... Tal vez en tu entorno desconozcan tu sufrimiento, o tal vez vayas a encontrar nuevas personas que puedan ayudarte. Sea como sea, y seas como seas, ten presente que no estás solo, no estás sola.

AYUDA PROFESIONAL

Encontrarse en una situación como esta y atravesar una experiencia suicida no es nada fácil ni física, ni emocional, ni socialmente. Los seres humanos somos sociables por naturaleza, necesitamos pertenecer a un grupo para sentirnos seguros, acompañados, protegidos, queridos; cuando un miembro del grupo ha sido herido, necesita el apoyo de los demás miembros para recuperarse. De hecho, según la antropóloga Margaret Mead, el primer signo de civilización de la historia fue un fémur roto que sanó: en el reino animal una lesión grave implicaba un riesgo para la manada por ser presa fácil; sin embargo, se encontraron los restos de una persona con una fractura de fémur recuperada, lo que implica que mientras esta persona no se valía por sí misma, otra (u otras) se encargaron de procurarle comida, protegerla y ayudarla. A día de hoy sigue siendo evidente que cuando alguien se rompe una pierna, acude al traumatólogo, quien tiene dolor de muelas acude al dentista, o quien tiene miopía acude a una óptica para cuidar de su vista. Sin embargo, cuando el dolor no es tangible porque lo sufre nuestra mente, parece que cuesta pedir ayuda.

Aunque cada vez menos, recibir apoyo psiquiátrico o psicoterapéutico sigue estando estigmatizado. Parece que requiera de cierta valentía ir a psicoterapia, ¡como si ir a traumatología, al dentista o a la óptica lo fuese! Sin salud mental no hay salud, y aun así, parte de la población aún piensa que ir al psicólogo es de débiles (¿acusaríamos de igual manera a alguien con otras dolencias orgánicas?), o que «solo los locos van al psiquiatra», que huelga decir lo terriblemente estigmatizante que resulta tanto para pacientes como para profesionales. No entraré en debate sobre qué es o no la locura, sobre la discriminación de las personas psiquiatrizadas o sobre lo que implica tener un diagnóstico, ya que de ahí nacerían varios libros; pero sí sugiero que continuemos con el ejercicio empático de ponernos en la piel de alguien con sufrimiento mental que no recibe la ayuda que necesita por miedo al estigma, o que la recibe pero es señalado por ello.

Si ya recibes atención psiquiátrica y/o psicológica, pero no te sientes a gusto por el motivo que sea con tu profesional de referencia, tanto en sanidad privada como en la pública tienes derecho a cambiar de profesional y buscar otro con quien puedas establecer un vínculo de confianza para avanzar en tu proceso terapéutico. A menudo me encuentro con personas que se sienten intimidadas por su psiquiatra porque no se sienten escuchadas o comprendidas, o porque temen contar sus síntomas reales, y que no se les ha explicado qué es, para qué sirve, de qué depende o cuándo se realiza un ingreso; personas que no pueden tomar sus propias decisiones sin supervisión profesional o familiar; que no entienden cómo será el proceso de recuperación o que no se cuenta con su opinión para establecer objetivos; que desconocen para qué sirve la medicación que toman o que, incluso, no conocen o no comprenden su diagnóstico. Toda persona que reciba atención profesional sobre su salud, sea del tipo que sea, tiene derecho a conocer cuanta información necesite para comprender su situación, su proceso de recuperación y sus expectativas de futuro. Recuerda que tú eres responsable de tu proceso, que las decisiones debes tomarlas tú y para tomar una buena decisión hay que tener la información adecuada, suficiente y necesaria. Habla con sinceridad con tu profesional de referencia, exprésale tus dudas, cuéntale tus inquietudes, dile cómo te sientes y pregunta, pregunta, pregunta.

Un/a buen/a profesional que participe en tu proceso de recuperación es capaz de generar un ambiente cómodo, un clima agradable en el que sientas seguridad para poder abrirte, conocerte, expresarte, cambiar y avanzar. Debes sentir que te escucha, respeta y comprende, que te acepta genuinamente y te ayuda a aceptarte. Generar este *feeling* es casi más relevante que tener un buen currículum o años de experiencia. La confianza es el elemento clave: si hay confianza, habrá buena comunicación, y es importante que transmitas lo que deseas, lo que no quieres, si algo te incomoda o si no comprendes algo. Poder hablar abiertamente con tu profesional hará que tu proceso de crecimiento personal también incluya nuevos patrones y habilidades para relacionarte con los demás. Habrá momentos del proceso en los que necesites mayor apoyo, más ayuda, más directrices o mejor orientación porque no sepas qué hacer o no comprendas lo que sucede; no hay nada malo en ello, está bien.

Un/a buen/a profesional debe acompañarte de manera que recibas el apoyo que necesitas pero que la finalidad sea lograr la mayor autonomía para no depender más de otra persona que de ti mismo/a. Igual que no es un familiar, un amigo o un compañero, tu psiquiatra o tu terapeuta no son jueces que vayan a etiquetarte o a tomar decisiones por ti. Tomaréis decisiones conjuntas sobre los objetivos que desees trabajar y al ritmo al que te sientas cómodo/a. La intervención puede ser como ir a la autoescuela: al principio puedes necesitar muchas instrucciones, ayuda o correcciones del profesor/a, ¡y no todo sale bien a la primera! Hace falta práctica, compromiso, tiempo, ilusión y paciencia. Tu profe procurará que avances para que cada vez necesites menos asistencia con los pedales, el volante, los retrovisores, las señales, el tráfico... hasta que puedas conducir autónomamente y llevar con seguridad tu coche. Pues con tu proceso de recuperación, igual. A las personas a las que acompaño en sus procesos suelo decirles que «Cuanto menos me necesites, mejor, porque significará que tú y yo estaremos haciendo bien el trabajo».

GRUPOS DE AYUDA MUTUA

La esencia de los grupos de ayuda mutua (GAM) es la concepción de que cada individuo, en virtud de sus habilidades y experiencia vital, tiene la capacidad de ayudar a otras personas en situación similar a la suya y, por extensión, de ayudarse a sí mismo. La temática común que une a los miembros del GAM puede ser muy variada, prevaleciendo sobre todo aquellos que abordan la salud mental, y pueden estar compuestos por personas con diagnóstico y/o por familiares y allegados. La participación en los GAMS es voluntaria y por lo general se hace sin profesionales a menos que el grupo solicite soporte ocasional. Todas las decisiones se toman democráticamente teniendo en consideración las necesidades de cada participante. La finalidad de los GAM es apoyar a sus miembros para permitir que se enfrenten a la situación problemática que les hace sufrir, intercambiando recíprocamente habilidades, recursos y servicios, por lo que todos los participantes se benefician del grupo. Así, encontrarse en un grupo donde otras personas pasan por una situación similar ayuda a conocer mejor la problemática, descubrir soluciones alternativas, encontrar diferentes perspectivas, permitirse expresar las emociones y confidencias propias en un espacio seguro donde serán recogidas con respeto y sin juicio... Todo ello pretende encontrar comprensión y acompañamiento, sostener el dolor y afrontar el futuro con esperanza.

En los GAM se habla en primera persona para facilitar el contacto emocional, y cada miembro asume la responsabilidad de aportar apoyo emocional a todos sus participantes. No existe una figura de titular, «líder» o de referencia en el GAM, pues la jerarquía es horizontal, y por tanto, se parte de la ayuda entre iguales que cooperan. Dado que el grupo es autogestionado, todos sus miembros participan en las mismas condiciones, deciden los objetivos a alcanzar, la forma de organizarse y las pautas o límites necesarios (implicación, normas de funcionamiento del grupo, confidencialidad, respeto...). Así, esta comunicación grupal y horizontal alivia la soledad y fomenta el sentimiento de pertenencia, así como de fe en el cambio y mejoría propio y del entorno.

Finalmente, la experiencia en los GAM fortalece la autoeficacia y autoestima de cada participante, la confianza en uno mismo y en los demás, libera la tensión emocional y genera sensación de control gracias a las herramientas e información aprendida y otorgada.

AYUDA FAMILIAR Y RED DE APOYO

Tu entorno cercano puede ser una de tus principales fuentes de ayuda. Sabiendo lo sustancial que es tener una red de apoyo como hemos visto a lo largo del libro, esta red debe componerse de personas emocionalmente cercanas a ti. Pueden ser familiares, amistades «de toda la vida», nuevas amistades, compañeros y compañeras del trabajo o de estudios, personas de tu vecindario que para ti sean significativas... Incluso, si viven lejos, tus familiares o amistades pueden ayudarte a través del contacto telefónico, videollamadas o mensajería instantánea. Lo importante es que tú sientas que hay gente a tu alrededor a la que importas y que quieren ayudarte.

Ábrete a alguien de tu confianza, exprésate, habla con sinceridad de cómo te sientes. Tener un problema y sentirse solo son dos problemas; tener un problema pero alguien a tu lado que te escuche, te comprenda y te ayude, implica tener un problema y algunos medios para resolverlo. A veces sentimos que enfrentarse a determinadas dificultades es responsabilidad de uno y que solo nosotros podemos resolverlo. Muchas veces es cierto, ya que cada persona es responsable de su vida y no siempre podrán ayudarnos directamente. Sin embargo, compartir las preocupaciones con otras personas a las que apreciamos es una ayuda indirecta que puede hacer, por un lado, que nos desahoguemos, y por otro lado, que una vez aliviada la presión estemos en un estado mental diferente, capaz de enfocarse y trabajar de manera distinta. Como si en nuestra mente hubiese una niebla que nos impide ver con claridad, y hablando con otras personas poco a poco se disipase y nos permitiese ver mejor el camino por el que seguir.

Tal vez ahora mismo sientas que la situación no tiene solución; piensa, sin embargo, en el dicho de «dos cabezas piensan más que una», e imagina cuántas oportunidades hay si hay otras cabezas pensando contigo, dispuestas a darle otras perspectivas y alternativas que no hayas contemplado. No hay nada de malo en pedir ayuda, pero sí lo es necesitar ayuda y no tenerla, no pedirla o no buscarla. Si incluso las actividades del día a día se te hacen cuesta arriba, no dudes en pedir a las personas que nutren tu red de apoyo que te echen una mano para hacerlas a medias, para hacerlas tú pero en su compañía, o para ayudarte a tener tiempo libre y disfrutarlo.

Si en tu familia hay conflictos y problemas de relación entre todos o varios miembros, buscad un/a profesional que os ayude. El estrés intrafamiliar, el conflicto de roles o el mal funcionamiento son factores críticos para la experiencia suicida, y tan grave es que la comunicación sea agresiva, confusa o ineficaz, como la falta total de comunicación o la sobreprotección. La implicación de tu familia tiene un peso especial. Pide a otras personas de tu confianza que se involucren, para lo cual debe haber un vínculo de confianza, comunicación sincera y estrecho contacto emocional. Hazles partícipes de este proceso, explicándoles las quince herramientas del semáforo que has elaborado anteriormente. Si lo deseas, también pueden acudir contigo a tus citas con profesionales, asistir a un grupo de terapia multifamiliar o participar en los grupos de ayuda mutua de familiares.

Como parte de la intervención en crisis, puedes entregar a los componentes de tu red de apoyo (familiares, profesionales, amistades y otras personas aliadas) unas tarjetas con tus factores implicados y señales de alerta. Podéis establecer de mutuo acuerdo cuál es el plan de actuación que deben seguir si te encuentras en una crisis: a quién pueden llamar, cómo ayudarte, qué puedes necesitar en ese momento, cómo procurar unos primeros auxilios psicológicos, qué no deben hacer... Añade en estas tarjetas cómo pueden contactar entre sí los miembros de tu red de apoyo.

Capítulo 9.
Acompañando a transitar el duelo

Este último capítulo es para quien, independientemente de su grado de relación con la víctima, acompaña a sus seres queridos ante la trágica pérdida. Tal vez no conocieras a la persona fallecida pero sí a alguien afectado/a por su muerte, así que este último episodio es para ti, como agente de ayuda. Aunque este capítulo está escrito con esta orientación, su contenido puede ser útil para supervivientes, profesionales y toda persona que desee comprender profundamente cómo vive una persona el suicidio de un ser querido.

Sobrevivir a alguien que ha acabado con su vida se ha descrito como un dolor emocional tan devastador que diversos profesionales lo equiparan al sufrimiento que queda tras sobrevivir a un campo de concentración. Se estima que cada suicidio da lugar a seis supervivientes, pero posiblemente sean más. Estas personas que quedan en la vida tras la muerte de un ser querido reciben el nombre de «supervivientes», y a las personas que atraviesan un duelo, «dolientes». Supervivientes y dolientes están en gerundio, pues están viviendo tras la pérdida, están sobreviviendo. Son las víctimas que genera el suicidio de alguien muy querido. Supervivientes son los familiares más cercanos: padres, madres, hermanos, hermanas, tíos, abuelos, primos, hijos... Supervivientes son las parejas, los mejores amigos, la pandilla... Supervivientes son los compañeros y compañeras del trabajo, de clase, profesorado que tuviese relación, el equipo del deporte con el que entrenara... Supervivientes son los profesionales que acompañasen a la víctima, psicoterapeutas, psiquiatras, enfermeros, terapeutas ocupacionales... Superviviente es toda persona afectada por la pérdida y que se encuentra aprendiendo a vivir tras ella.

Sobrevivir a un suicidio es un factor de riesgo para el desarrollo de la experiencia suicida y/o de un trastorno mental, especialmente ansiedad, depresión y trastorno de estrés postraumático. El dolor lleva a los supervivientes a pensar en quitarse la vida, especialmente en las horas y días después de producirse la pérdida, motivo añadido para recibir una temprana atención profesional. Lamentablemente esto no es así, pues la sanidad pública no ofrece la ayuda específica que requieren los dolientes: si la prevención y la intervención del suicidio son insuficientes, la postvención brilla por su ausencia.

El luto y el duelo son manifestaciones diferentes en respuesta a la muerte de un ser querido. Mientras que el luto es la dimensión externa y manifestación social, el duelo responde a la dimensión interna y emocional del doliente. No obstante, cuando la causa de la muerte es por suicidio, el luto y el duelo son muy diferentes a las demás causas, pues el estigma social y los sentimientos encontrados pueden complicar la elaboración del duelo. En este capítulo vamos a ver cómo es el duelo por suicidio, cómo es la experiencia de una persona que peregrina por el dolor, qué siente, qué necesita y qué puedes hacer tú para acompañarle a transitarlo.

Habitualmente, cuando imaginamos el duelo lo concebimos como una serie de fases que debe superar una persona, que después de la etapa final queda resuelto, que la relación con el fallecido termina tras una despedida... Pero el duelo en la vida real no es así. Es un proceso tan absolutamente personal que cada individuo lo vive y atraviesa de manera única. No hay dos personas que elaboren igual la misma pérdida, ni dos duelos iguales en la misma persona.

El duelo es la experiencia emocional en respuesta a una pérdida significativa no deseada que puede ser de una relación (fallecimiento de la persona o ruptura de la relación) o de una situación (pérdida de salud, de un empleo, cambio en la situación vital...); a lo largo del capítulo nos centraremos, evidentemente, en el duelo por suicidio de un ser querido que atraviesan los y las supervivientes. El curso del duelo es sufrido y complicado, pues implica una adaptación a una vida sin la persona fallecida. Los nuevos modelos explicativos del duelo hablan de una reconstrucción de los significados y de la necesidad de mantener un vínculo continuo con el fallecido de una forma más simbólica. Resultaría casi impensable que alguien se olvide de su padre, su esposa, su mejor amiga o su hijo tras su suicidio; el doliente necesita sentir su vínculo, conservar su relación, y continuar su vida pudiendo pensar en su ser querido con sereno cariño a pesar de la tristeza. La familia que ha sufrido la pérdida puede encontrarse con la dificultad de que cada miembro va a llevar su propio proceso, y cada uno necesitará un tiempo, apoyos, expresión y espacio diferentes.

Como proceso dinámico que es el duelo produce distintos cambios, emociones y pensamientos en el doliente, sobre quien influyen distintas variables: la relación con el fallecido, qué otras pérdidas ha sufrido, sus habilidades de afrontamiento, experiencia vital, red de apoyo... Según Robert Neimeyer, en un primer momento, cuando se recibe la noticia, la reacción emocional puede ser de *shock*, incredulidad o evitación. Después la persona asimila la pérdida, apareciendo pensamientos y emociones muy dolorosas. Finalmente se da una reorganización vital, acomodándose y adaptándose a la vida tras la pérdida. Estos momentos no son etapas sucesivas, sino un camino en el que se mueve la persona avanzando, retrocediendo y cambiando. Al ser un proceso tan personal no puede hacerse una generalización universal, pero sí hay una serie de características comunes. Siguiendo el modelo del duelo de William Worden, el superviviente tiene por delante cuatro tareas:

- **Aceptar la realidad de la pérdida**, racional y emocionalmente. La aceptación racional se hace a nivel intelectual, asumiendo lo que ha sucedido y tomando conciencia de que la persona ha acabado con su vida; por su parte, la aceptación emocional conlleva el contacto con los sentimientos que le siguen al suceso. En cambio, si el doliente se mantiene en la incredulidad o encapsula sus emociones, impedirá el avance del duelo, prolongándose en el tiempo y complicándose.

- **Elaborar emocionalmente la pérdida**, para lo cual es fundamental darse cuenta de las emociones que surgen, darse permiso para sentirlas y ser compasivo/a con uno mismo/a. Más adelante veremos cómo puede sentirse un superviviente, y cómo la no aceptación, la evitación o no expresión de las emociones complica el duelo. Los recuerdos, los lugares y las fechas señaladas son dolorosas, y el superviviente tiene derecho a sentirse confuso o incapaz de superarlo. Este proceso requiere un gran esfuerzo emocional, inversión de tiempo en autocuidados, energía y búsqueda de apoyos.

- **Adaptarse a una vida sin su ser querido**, pues esta tragedia ha marcado un antes y un después en el entorno de la víctima, un punto y aparte tras el cual los supervivientes deben seguir escribiendo sus historias personales. Este ajuste puede implicar la asunción de nuevos roles, responsabilidades y costumbres en la familia para reorganizarse y seguir funcionando como un sistema unido. Previsiblemente la identidad de cada doliente puede verse afectada por su nuevo papel familiar, lo que puede orientarse hacia un crecimiento personal y desarrollo de nuevas capacidades.

- **Reubicar emocionalmente a la víctima** para seguir viviendo, lo que no implica renunciar a ella u olvidarla, sino colocarla en un lugar que permita a sus seres queridos continuar con la vida, recordándola con un nuevo significado más armonioso, con una tristeza adaptativa a pesar de lo inevitable. Los supervivientes necesitan mantener lazos con la persona fallecida: lazos que, lejos de atarles al pasado, les mantenga unidos en el presente.

Hay unas muertes por suicidio más difíciles que otras a la hora de elaborar el duelo, pues resulta más complejo afrontar el suicidio de un hijo adolescente que el de una persona adulta o de avanzada edad. Las condiciones en las que se produjera el suicidio, quién encontró a la víctima, cómo se le comunicó el suceso, o el contenido de una nota de despedida si es que la hubo, también pueden dificultar el duelo. La edad del doliente también es una variable importante: los niños/as y adolescentes necesitan mucho más apoyo para comprender lo que ha sucedido y encajarlo, especialmente cuando ha sido un hermano/a o su padre/madre.

Cuando la pérdida ha sido motivada por un suicidio, las características del duelo son diferentes no solo por lo traumático de la pérdida, sino por el estigma que hay alrededor del suicidio. El tabú dificulta que los supervivientes lleven el luto como deseen o facilita que se patologice el duelo, por eso la red de apoyo con la que cuente el superviviente es un factor clave para esta vivencia. El estigma, la vergüenza y los sentimientos de fracaso hacen que los dolientes teman el rechazo social o la culpabilización de la muerte de su ser querido, por lo que suelen mentir sobre la causa del fallecimiento, alegando que fue un accidente, un infarto o una enfermedad repentina. Este ocultamiento enquista el dolor, entorpece el duelo y aísla a la persona, que evita hablar de su pérdida para no ser descubierta o para no ahondar en el sufrimiento.

Por otro lado, cuando es sabido que ha fallecido por suicidio, el entorno puede alejarse del superviviente, bien por influencia de los mitos e incomprensión de la situación, bien por no saber cómo actuar. Los dolientes se encuentran con que la gente evita hablar con ellos, cambia de tema, no menciona el nombre de su ser querido o, incluso, son activamente excluidos. Si hay algo más terrible que sobrevivir al suicidio de una persona querida es sentirse abandonada por el entorno, que le rehúye sin ofrecer ningún apoyo o consuelo; la soledad y el silencio, cuando tal vez necesite compañía para hablar, llorar y expresar. A este fracaso del entorno por omisión de apoyo se le llama *trauma acumulativo*, pues duplica, si cabe, el sufrimiento del doliente, quien percibe que molesta e incomoda con su dolor, lo que le hace sentir desplazado e incomprendido. El apoyo social es un fortísimo factor de protección en la elaboración del duelo, y su ausencia compone un factor de riesgo para el sufrimiento psiquiátrico y desarrollo de experiencia suicida.

Aunque la experiencia de cada superviviente es única, existen vivencias comunes:

- **Intensa culpa**. No haber sabido reconocer los factores de riesgo y señales de alarma, o haberlos percibido pero creer que no sería capaz, genera un profundísimo sentimiento de culpa y desconcierto en los dolientes, a pesar de que nadie los culpabilice. «¿Cómo no me di cuenta? Tenía que haber contestado a esa llamada perdida... ¿Podría haberlo evitado? No tendría que haber salido ese día...». Puede ocasionar que la persona piense que no merece volver a ser feliz, o que se reproche a sí misma cuando se descubre sonriendo o disfrutando cuando ha pasado un tiempo. Las parejas que han sufrido la pérdida de un hijo/a pueden encontrar problemas en la relación por la culpabilización entre sí. También pueden sentir que han fracasado en su rol de protección de su ser querido, especialmente una vez más, en padres, madres y parejas.

- **Sentimientos de vacío y profunda pena**. Estos sentimientos son vividos de manera muy diferentes, pues para unas personas es un dolor físico insoportable, para otras una necesidad de buscar a la víctima, repetir su nombre, mirar sus fotos, revisar sus redes sociales... El dolor hace que el superviviente crea ver a la víctima en casa o en la calle, que sueñe con ella, que crea oírla... Puede que la persona manifieste el dolor gritando, con llanto, con agitación... Los hermanos/as de las víctimas, especialmente en la infancia y adolescencia, pueden identificarse con la persona fallecida y comenzar su experiencia suicida.

- **Enfado y resentimiento.** El enfado puede ser más fácil de gestionar que la tristeza, pues aleja momentáneamente del dolor y pone el foco en la víctima en lugar de en el interior del superviviente. Así, pueden expresar rabia hacia la persona fallecida, percibirla como egoísta, enfadarse por dejarles en esta situación... Especialmente cuando el fallecido es un hermano o la pareja. También puede aparecer enfado hacia otras personas como amistades, familiares o profesionales por no haber evitado la tragedia, o hacia Dios y el mundo en general.

- **Miedo, abandono e incertidumbre.** La persona puede temer por su seguridad, por su futuro, por su salud mental, por la situación en la que queda la familia, por no poder superar esto... «¿Qué va a ser de mí? ¿Cómo se lo explico a sus hijos? ¿Les pasará también a ellos? ¿Cómo voy a poder vivir con este dolor? ¿Podré mantener económicamente a mi familia?».

- **Búsqueda de una explicación.** Dado lo incomprensible que puede resultar que un ser querido decida acabar con su vida, los supervivientes buscan entender qué le llevó a tomar la terrible decisión haciendo su propia investigación, hablando con el entorno de la víctima o revisando sus redes sociales.

- **Rumiación.** Puede estar relacionada con la culpa, con la búsqueda de una explicación, con los «y si...», con las circunstancias en que se dio el suicidio («¿Sufrió? ¿Fue rápido? ¿Pensó en mí en el último momento?»)... Tal vez se rumie la última vez que se estuvo con la víctima, revisar los días anteriores al suceso buscando una señal, el tono de la llamada que no atendió, o con algún recuerdo que diera pistas para dar sentido a lo sucedido.

- **Vergüenza asociada al estigma.** El superviviente teme al juicio y la crítica que pueda hacer la sociedad, bien de la víctima, bien del superviviente por ser culpabilizado, señalado o responsabilizado. «¿Qué van a pensar en el pueblo cuando se enteren? Me dirán que fui un mal padre por no haber podido evitarlo... Creerán que yo le podría haber salvado... Pensarán que era violento y por eso hizo lo que hizo... Van a darme de lado, nadie me va a entender...».

- **Alivio**. Sobre todo si la víctima llevaba mucho tiempo enferma, si expresaba gran sufrimiento, si su situación generaba conflictos o malestar familiar, si la relación era complicada... Estos pensamientos, a su vez, generan una gran culpa o vergüenza.

Según se va avanzando en el duelo se revelan nuevas emociones como la aceptación de que no se tenía control sobre la decisión de la víctima, la reconciliación con ella, el abandono de los «y si» y los «por qué», o la transición a una nueva forma de vincularse con su ser querido. Aceptar lo ocurrido no significa resignarse, sino comprender que, aunque la vida no volverá a ser la misma de antes, sí hay una vida después de esta muerte, una vida que merece ser vivida. El dolor desgarrador del principio se va atenuando, las emociones anteriores van disminuyendo y otras nuevas van abriendo el paso hacia la recuperación. Los supervivientes pueden comenzar a pensar más en cómo vivió su ser querido que en cómo murió, lo que otorga algo de paz.

Para que este proceso pueda darse es importante conocer las necesidades de cada doliente y cómo acompañarle a transitar su duelo. Si este es tu papel puede que no sepas qué hacer o decir, cómo ayudar o qué sientes tú ante el dolor de la persona a la que acompañas; puede que a lo largo del camino aparezcan en ti sentimientos de frustración e impotencia, que temas herir al superviviente, que te sientas perdido/a o desbordado/a... Tranquilo/a, eso está bien. Recuerda ante todo que eres humano/a, no el Superman o la Wonder Woman del acompañamiento emocional, y esta es una tarea muy dura; relee el capítulo 7 y ten muy presentes tus autocuidados. Querer permanecer al lado del superviviente es un grandísimo apoyo que te honra, y precisamente que leas esta guía demuestra tus ganas de consolar, adquiriendo nuevas herramientas que te ayuden a saber cómo ayudar. La soledad y el estigma son dos molinos de viento gigantes contra los que el superviviente puede sentirse incapaz de luchar, por lo que tu escudo debe ser tu paciente compañía, no permitiendo el aislamiento. Una compañía que, además, debe prolongarse en el tiempo, no solo en los primeros días o semanas. Tu presencia debe aportar fortaleza y equilibrio, no lástima o excesiva compasividad. Ayúdale en la medida de lo posible a mantener cierta rutina o actividad social, manteniendo el vínculo con su red de apoyo e involucrando a otras personas significativas.

Ten en cuenta que, como el duelo es tan único y personal, el doliente al que acompañes tiene sus propias necesidades y ritmos, y que lo que a continuación encontrarás no son instrucciones con las medidas genéricas de un traje que le valga a cualquiera, sino que son los patrones para que puedas tejer con pericia el traje a medida que mejor se ajuste a su situación. Cariño, respeto, comprensión y paciencia: esos son los cuatro pilares del acompañamiento emocional en el duelo. Es totalmente lícito que el superviviente necesite intimidad o estar a solas; no dejes de mostrarle que estás a su disposición, y que, aunque no estés presente, estás emocionalmente a su lado cuando se sienta preparado/a.

Si tú conocías a la víctima y tenías relación con ella, tendrás tus propias emociones; si te desbordan, encuentra tus propios espacios y personas en las que apoyarte y poder expresarte libremente. Tus necesidades también son importantes. Hace un tiempo acompañé a un doliente en la pérdida de un amigo, y en algunos momentos necesitaba sacar el gran enfado que sentía contra su amigo. Como yo no conocí a la víctima pude escuchar todo lo que necesitó gritar para desahogarse y sostenerle emocionalmente, pero la familia de su amigo podría haberse sentido destrozada si hubiera escuchado todo lo que el doliente al que acompañé dijo de su ser querido. No es fácil escuchar algunas cosas, como tampoco lo es sentirlo; pregúntate si eres la persona idónea, o si estás en el momento adecuado de poder ayudar. Podéis apoyaros mutuamente siempre que el dolor de uno no sirva de aguijón para el otro.

Otras veces puedes no saber qué decir ante una pena tan desgarradora, y transmitirlo no tiene por qué ser dañino. Resulta más hiriente una expresión condescendiente que le haga sentir incomprendido/a, que escuchar «No puedo imaginar cómo es perder a alguien de esta manera... me da miedo decir algo que te haga daño, tus sentimientos me importan... lo siento, no sé qué decir para aliviar tu pena, pero estoy a tu lado para escuchar todo lo que necesites decir y aprenderé a ayudarte...». Si quieres al superviviente, díselo: a veces un «te quiero» es un salvavidas cuando alguien siente que se ahoga en el dolor.

A lo largo de los últimos capítulos has aprendido la actitud terapéutica de interés genuino, escucha activa y comprensión empática: saca a relucir tu virtuosidad, la persona a la que acompañas necesita tus cualidades más que nunca. Habla con el superviviente con cautela y respeto, haciendo el ejercicio empático de preguntarte antes si lo que vas a decir satisface sus necesidades o las tuyas, pues, aunque se haga con la mejor de las intenciones, es fácil decir algo que le siente como si le echases sal a la herida. Indagar en los factores de riesgo, precipitantes y señales de alarma puede generar gran culpa en los supervivientes y, a menudo, estas preguntas responden más a tu necesidad de entender lo sucedido que a la necesidad del doliente. Apreciaciones como «Con lo bueno/a que era... parecía feliz... ha sido su decisión... ánimo, sé fuerte... eres joven, puedes volver a casarte... tienes que centrarte en tu otro hijo...» son los «consejitos de mierda» que vimos en el capítulo 6, que, lejos de aliviar, lo que hacen es ahondar en el dolor y en la sensación de soledad de la persona en duelo apuñalando con la incomprensión. Si quiere saber algo, te lo preguntará; hasta entonces, tu escucha puede marcar la diferencia entre el avance en el duelo o la patologización.

No existe una manera de «hacer bien o mal el duelo». No le digas al doliente que lo hace mal o cómo tiene que hacerlo, ni le metas prisa para que vaya más rápido en su proceso, porque solo conseguirás que se sienta aún peor y se aleje de ti. Se encuentra ante una montaña rusa de emociones que encontrará difícil de afrontar y necesita que le ayudes a gestionarlas, no que le des instrucciones. La persona tiene derecho a sentirse como se siente y pensar lo que piense: si siente rabia, deja que salga. Si siente miedo, deja que lo exprese. Si siente angustia, deja que la manifieste. Ser escuchado y comprendido a menudo vale más que recibir consejos, pero puedes ayudarle a ver que el dolor de hoy no va a ser devastador para siempre.

Por otro lado, a veces no hay palabras que ofrezcan consuelo, pero hay silencios que lo dicen todo. Un largo abrazo, una mirada, sostener sus manos o un paseo reflexivo aportan mucho más que largas explicaciones o la búsqueda de soluciones. Gestos tan sencillos como ofrecer un pañuelo para enjugarse las lágrimas son de grandísima ayuda.

Te diré que de las mejores cosas que puedes hacer cuando hables con alguien en duelo es precisamente lo contrario: callar y escuchar. La persona tiene un dolor inconmesurable dentro que necesita salir de muchas maneras, y una de ellas es hablando. Puede que repita una pregunta una y otra vez, que te cuente las mismas anécdotas con la víctima, que insista en hablar de ella... Precisamente esta necesidad de hablar y repetir ayuda al doliente a procesar lo ocurrido. Dale ese espacio para expresarse, deja que un 80 % de la conversación la dirija la persona, que hable cuanto quiera y cuente lo que quiera. Hablad de la persona fallecida solo si el doliente quiere y no temas decir en voz alta su nombre o pronunciar el apelativo con el que la llamaras («Adri... Anita... mi niño... mamá...el *Chache*...»). Esos apelativos hablan del amor que sentíais (y sentís) hacia la víctima, el amor que necesitáis para sostener el dolor.

Especialmente en los primeros momentos, días y semanas tras la pérdida los supervivientes pueden necesitar apoyo en el día a día, así que tu iniciativa y proactividad les ayudarán a sobrellevar el día a día. No preguntes «¿En qué puedo ayudarte?», ni digas «Llámame para lo que necesites»; la persona puede tener serias dificultades para pedir ayuda o incluso para pensar en sus necesidades, por lo que ofrécete activamente a echar una mano en las tareas cotidianas: sacar al perro, llevarle comida, cuidar de los niños, limpiar la casa, ordenar las facturas, hacer recados... Tal vez necesiten ayuda para dar la noticia a otras personas o con los trámites burocráticos asociados, como el certificado de defunción o el funeral; ofrécete con cariño y respeto, que se sientan apoyadas pero no controladas.

Pregunta cómo quiere proceder con otros trámites y deja que sea él/ella quien tome las decisiones a su debido momento. En momentos de gran intensidad emocional no es buena idea tomar decisiones vitales importantes, como dejar un trabajo o cambiar de ciudad, por lo que anímale a posponerlo siempre que sea posible, esperando a hacerlo cuando pasen unos meses. Otras decisiones son respecto a la persona fallecida, como qué hacer con su habitación y sus pertenencias. Así como no suele ser buena idea decidir bruscamente desprenderse de todo (creyendo que «si no lo veo, no me dolerá») «momificar» su dormitorio y sus objetos puede hacer que la persona se atasque en su camino del duelo. No existe un momento clave para proceder, deja que el superviviente lo lleve a cabo cuando se sienta preparado/a. Entonces tu apoyo puede ser para ayudar a clasificar lo que quiera guardar, regalar a otras personas significativas para la víctima, donar, reciclar...

Previsiblemente habrá fechas o momentos vitales más complejos: el cumpleaños de la víctima, las vacaciones, las primeras navidades sin ella o la vuelta al trabajo son situaciones en las que tu ayuda pueda ser aún más necesaria. Pregunta si quiere pasar esas fechas en la intimidad o si le apetece hacer algún evento o ritual para recordar a la persona fallecida. Los supervivientes necesitan mantener lazos afectivos con su ser querido, vínculos sanos que les hagan sentir cerca de la víctima pero permitiéndose avanzar. No necesitan despedirse y olvidar a su ser querido, sino integrar la pérdida y crear nuevos significados, por lo que crear nuevas costumbres puede ayudar a recolocar al fallecido y honrar su memoria.

Finalmente, no dejes de aconsejarle que busque apoyo profesional y/o de otras personas que hayan pasado por una situación similar a la suya. Las asociaciones y reuniones con grupos de ayuda mutua (GAM) tienen una importancia mayúscula en circunstancias como esta. Hablar y encontrarse con otros supervivientes que transitan sus propios duelos puede ser reconfortante, pues aporta luz en la oscuridad. Los GAM son espacios seguros en los que poder exponer la historia propia y de la persona fallecida, contar con otros que tienden una mano amiga desde la vivencia en primera persona, mitigar el dolor apoyándose unos en otros, permitiendo salir las emociones existentes, y sanando al ritmo al que cada cual se sienta seguro.

* * *

No puedo terminar este capítulo y esta guía sin agradecerte que llegues hasta aquí. Gracias por preocuparte, por querer saber, por comprender, por aprender, por ayudar. Gracias de todo corazón. Tú puedes marcar la diferencia porque, como ya sabes, todos somos agentes de cambio.

Si te ha gustado este libro recomiéndalo, regálalo, préstalo, ponlo en bibliotecas, habla de él en tus redes sociales o con quien tú quieras. Si también crees que es importante hablar del suicidio, de salud mental, de nuestras emociones y de todo lo que has aprendido en esta guía, haz que más gente lo lea, cuéntaselo a otras personas para que podáis aprender y crecer emocionalmente. Compartir el conocimiento y hacerlo de dominio público ayudará a más personas, y contribuiremos a crear una sociedad un poquito más amable y preocupada por la salud mental. Cuantas más personas estemos implicadas en el cambio, más fuertes seremos contra el estigma, más se visibilizará y a más personas se podrá ayudar. Rompamos el silencio pues, cuanto más hablemos y sepamos de suicidio, más suicidios se podrán prevenir.

Recursos y entidades de ayuda

Aquí tienes una lista de recursos de ayuda que pueden atender a la persona con experiencia suicida. Existen otras entidades, como los colegios oficiales de psicología o la Confederación de Salud Mental España, que pueden orientarte en la búsqueda de apoyos específicos según las características del caso.

ÁMBITO NACIONAL

- TELÉFONO DE EMERGENCIAS: 112 / 061
- Asociación Papageno
- Fundación Española para la Prevención del Suicidio – Observatorio del Suicidio
- Teléfono Contra el Suicidio: 911.385.385
- Teléfono de la Esperanza (nacional, distintos números y sedes según la provincia desde la que se llame): 717 00 37 17.

ANDALUCÍA

- A TU LADO - Plataforma de supervivientes unidos por pérdidas en suicidios (Huelva)
- Asociación Alhelí (Málaga)
- Asociación Justalegría – Razones para vivir (Málaga)

- Papageno/Ubuntu: Grupo de Ayuda Mutua para personas en duelo por suicidio (sede Cádiz)
- Papageno/Ubuntu: Grupo de Ayuda Mutua para personas en duelo por suicidio (sede Córdoba)
- Ubuntu – Asociación Andaluza de Supervivientes por Suicidio de un Ser Querido (Sevilla).

ARAGÓN

- LIANA Asociación aragonesa de prevención del suicidio y la conducta autolesiva.

CANTABRIA

- Suicidio y Duelo: Hay Salida. Asociación cántabra para la prevención del suicidio y apoyo en el duelo.

CASTILLA Y LEÓN

- Supervivientes León. Grupo de acompañamiento al duelo por suicidio (León)
- FEAFES Asociación de Salud Mental – Grupo de apoyo de supervivientes del suicidio (Palencia)
- HABLEMOS: Grupo de prevención del suicidio y atención al duelo (Ávila).

CATALUÑA

- ACPS Associació Catalana per la Prevenció del Suïcidi (Barcelona)
- APSAS. Asociación para la Prevención del Suicidio y Atención al Superviviente (Gerona)
- Asociación de Supervivientes de una muerte por suicidio. Grupo de Ayuda (Barcelona)
- DSAS Despres del Suïcidi – Associació de Supervivents (Barcelona)
- DSMA Dol per Suïcidi – Associació Mans Amigues (Barcelona)
- Teléfono Prevención del suicidio (Ayuntamiento de Barcelona): 900.92.55.55.

COMUNIDAD DE MADRID

- Alaia duelo – Centro de atención al duelo. Apoyo a los supervivientes de una pérdida por suicidio
- Asociación de personas con ideaciones o intentos suicidas (APIIS)
- Asociación la Barandilla – Teléfono contra el suicidio
- Centro de Escucha San Camilo – Centro de Humanización de la Salud
- Fundación Mario Losantos del Campo. Atención individual y grupal al duelo
- Proyecto ISNISS. Investigación, detección, prevención e intervención de la conducta disruptiva, autodestructiva, autolesiva y suicida
- Red AIPIS-FAeDS. Grupo de Familiares y Allegados En Duelo por Suicidio
- Red Nacional Psicólogos Expertos en Suicidio Psicólogos Princesa81 – Grupos de Ayuda Mutua.

COMUNIDAD FORAL DE NAVARRA

- AFAD Goizargi. Asociación de familias y amigos en duelo
- Besarkada-Abrazo. Asociación de personas afectadas por el suicidio de un ser querido.

COMUNIDAD VALENCIANA

- APSU Asociación para la Prevención y el apoyo a personas afectadas por el suicidio (Alicante)
- Asociación La Niña Amarilla (Valencia)
- Asociación Viktor E. Frankl. Apoyo en el duelo (Valencia)
- CAMINAR Asociación Valenciana de Apoyo al Duelo (Valencia)
- JUAN NAVIO Asociación de acompañamiento al duelo (Alicante)
- Life. Plataforma de prevención del suicidio y acoso en redes sociales (Alicante).

ISLAS BALEARES

- AFASIB Familiars i Amics Supervivents per suïcidi a les Illes Balears.

ISLAS CANARIAS

- GAMAS Grupo de Ayuda Mutua de Afectados por el Suicidio (Arrecife-Lanzarote-Las Palmas)

- LUZ EN LA OSCURIDAD Asociación prevención y apoyo afectados por suicidio (Tenerife)

- VIFA Asociación Vivir tras Intento de Suicidio. FyS (Sta. Cruz de Tenerife)

- VOLVER A VIVIR Asociación de atención al duelo y prevención del suicidio (Tenerife).

LA RIOJA

- COLOR A LA VIDA Asociación de personas afectadas por el suicidio.

PAÍS VASCO

- Aidatu. Asociación Vasca de Suicidología

- BIZIRAUN Asociación de personas afectadas por el suicidio de un ser querido.

PRINCIPADO DE ASTURIAS

- Asociación para supervivientes en duelo por suicidio Abrazos Verdes (APSAV).

REGIÓN DE MURCIA

- AMANECER Asociación de ayuda por la pérdida de un ser querido.

Bibliografía recomendada

Aquí te dejo algunos libros que me han inspirado, autores y autoras que reflejan la realidad del suicidio, de la salud mental, del duelo, de la recuperación, de la experiencia en primera persona, del conocimiento emocional... Ojalá que a ti también te ayuden y te inspiren.

Antón, D. (2018). *Storytelling*. Cuánto cuenta contar en *coaching*. Madrid: Editorial Universitaria Ramón Areces.

Balius, F., Pellejer, M. (2019). *Desmesura. Una historia cotidiana de la locura en la ciudad*. Barcelona: Edicions Bellaterra.

Batalla, M., Xevidom (2019). *Manicomio. Una historia real*. Barcelona: Ediciones La Cúpula, S.L.

Bimbela, J. L. (2021). *Vosotros no tenéis la culpa. En torno al suicidio*. Barcelona: Plataforma Editorial.

Bonnett, P. (2013). *Lo que no tiene nombre*. Bogotá: Alfaguara.

Camacho, D. (2016). *La pérdida inesperada. El duelo por suicidio de un ser querido*. Madrid: Fundación Salud Mental España para la Prevención de los Trastornos Mentales y el Suicidio.

Cid, L. (2011). *Explícame qué ha pasado. Guía para ayudar a los adultos a hablar de la muerte y el duelo con los niños*. Madrid: Fundación Mario Losantos del Campo.

De Quesada, M. (2021). *La niña amarilla. Relatos suicidas desde el amor*. Penguin Random House: Editorial Vergara (Ediciones B).

Durkheim, É. (1897). *El suicidio. Estudio de sociología.* California: CreateSpace Independent Publishing Platform.

Frankl, V. E. (2015). *El hombre en busca de sentido.* Barcelona: Herder Editorial.

Gauger, K. (2019). *Mi esquizofrenia.* Barcelona: Herder Editorial.

Greenberg, L. S. (2000). *Emociones: una guía interna.* Bilbao: Desclée de Brouwer.

Greenberg, L. S. y Paivio, S. C. (2000). *Trabajar con las emociones en psicoterapia.* Barcelona: Paidós.

Hibbins, J. (2021). *The suicide prevention pocket guidebook: how to support someone who is having suicidal feelings.* Londres: Welbeck Balance.

Joiner, T. (2005). *Why people die by suicide.* Estados Unidos de América: Harvard University Press.

Joiner, T. (2010). *Myths about suicide.* Estados Unidos de América: Harvard University Press.

Krishnamurti, J. (1996). *Sobre el amor y la soledad.* Barcelona: Kairós.

Kübler-Ross, E., Kessler, D. (2016). *Sobre el duelo y el dolor.* Barcelona: Luciérnaga.

Li, Y. (2017) *Dear friend, from My Life I Write to You in Your Life.* London: Penguin Books.

Linehan, M. M. (2021). *Building a life worth living: a memoir.* Penguin Random House: Ballantine Books.

López, D. (2018). *Te nombro.* Aragón: mileniArts.

López, L. F. (2019). *Peajes emocionales. Un viaje a tu interior.* Autopublicado en Amazon.

López, L. F., Carretero, E. M. (2022). *Guía práctica de prevención de la autolesión y el suicidio en entornos digitales.* Valladolid: Libertas Ediciones.

Losantos, S., Díaz, S., Pastor, P. (2020). *Guía de duelo adulto para profesionales socio-sanitarios.* Madrid: Fundación Mario Losantos del Campo.

Martín, Á. (2021). *Por si las voces vuelven.* Barcelona: Planeta.

Oliver, M. (2020). *El muro de cristal: una historia de superación.* Almería: Editorial Círculo Rojo.

Payàs, A. (2014). *El mensaje de las lágrimas: Una guía para superar la pérdida de un ser querido.* Barcelona: Ediciones Paidós.

Pérez, J.C. (2011). *La mirada del suicida. El enigma y el estigma.* Madrid: Plaza y Valdés Editores.

Perkins, C. (2012). *El papel pintado amarillo.* Zaragoza: Editorial Contraseña.

Neimeyer, R. (2002). *Aprender de la pérdida. Una guía para afrontar el duelo.* Barcelona: Editorial Paidós.

Rogers, C. R., Stevens, B. y colaboradores (2013). *Persona a persona. El problema de ser humano. Una nueva tendencia en psicología.* Buenos Aires: Amorrortu.

Solomon, A. (2015). *El demonio de la depresión. Un atlas de la enfermedad.* Madrid: Editorial Debate.

Tizón, J. (2004). *Pérdida, pena, duelo. Vivencias, investigación y asistencia.* Barcelona: Fundació Vidal i Barraquer y Ediciones Paidós Ibérica, S.A.

Tu Desquiciada Favorita (2021). *Alguien voló sobre la 11 Norte. 33 días y 500 noches en un psiquiátrico.* Madrid: Letrame Grupo Editorial.

VV. AA. (2018). *Estigma. Historias de vida contra el estigma en salud mental.* Barcelona: Fragile Movement, S.C.C.L.